TRAVELS

$11.⁹⁵

TRAVELS

by

Yehuda Amichai

Translated from the Hebrew by Ruth Nevo

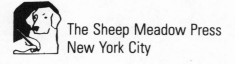

The Sheep Meadow Press
New York City

Published 1986, Reprinted 1990

Printed by Princeton University Press
Lawrenceville, New Jersey

The Sheep Meadow Press, Riverdale-on-Hudson, N.Y.

Distributed by Consortium Book Sales & Distribution
287 East 6th Street, Suite 365
St. Paul, MN 55101

Library of Congress Cataloging-in-Publication Data

Amichai, Yehuda.
Travels.

English and Hebrew Text of: Mas'ot Binyamin ha-a1haron
mi-Tudelah.

3I. Nevo, Ruth. II. Title

PJ5054.A65M3713 1986 892.4'16 85-27814

ISBN 0-935296-63-8

TRAVELS

אָכַלְתָּ וְשָׂבַעְתָּ, בָּאתָ
בִּשְׁנָתְךָ הַשְּׁתֵּים עֶשְׂרֵה, בִּשְׁנוֹת הַשְּׁלֹשִׁים
שֶׁל הָעוֹלָם, מִכְנָסַיִם עַד הַבִּרְכַּיִם,
צִיצִיּוֹת שְׂרוּכוֹת מִתּוֹךְ אַרְבַּע הַכַּנְפִיּוֹת
נִדְבָּקוֹת בֵּין רַגְלֶיךָ בָּאָרֶץ הַלּוֹהֶטֶת.
עוֹרְךָ חָלָק עֲדַיִן, בְּלִי שְׂעָרוֹת מְגֻנּוֹת.
הָעַיִן הַחוּמָּה וְהָעֲגֻלָּה, שֶׁהָיְתָה לְךָ לְפִי
מִידַּת דֻּבְדְּבָנִים בְּשֵׁלִים, תִּתְרַגֵּל
לְתַפּוּחִים. כָּתֹם, תּוֹם. תּוֹם.
שְׁעוֹנִים הָיוּ מְכֻוָּנִים לְפִי
דְּפִיקוֹת הַלֵּב הֶעָגוֹל, פַּסֵּי רַכֶּבֶת
לְפִי יְכֹלֶת רַגְלֵי יְלָדִים.

You ate and were full, you came
twelve years old in the thirties ofthe world
trailing fringes of your undershawl
that stuck between your legs in the scorching country.
Your skin smooth and firm without protective hair.
Brown, round eyes, the size of ripe cherries. You will get used
to oranges. The whole innocent orange.
Watches were set to the round heart's beat, railway ties
to a child's stride.

וּבְשֶׁקֶט, כְּרוֹפֵא וָאֵם, נִרְכְּנוּ הַיָּמִים מֵעָלַי
וְהֵחֵלּוּ לְהִתְלַחֵשׁ בֵּינֵיהֶם, בְּעֵת הָעֵשֶׂב
כְּבָר שָׁכַב, מְשֻׁכָּב בְּרוּחוֹ הַמָּרָה
בְּמַעֲלֵה הַגְּבָעוֹת שֶׁלְּעוֹלָם לֹא אָשׁוּב לִדְרֹךְ בָּהֶן.
יָרֵחַ וְכוֹכָבִים וּמַעֲשִׂים עַתִּיקִים שֶׁל מְבֻגָּרִים
הוּשְׂמוּ בְּאִצְטַבָּה גְּבֹהָה מֵעַל
לְהַשָּׂגַת זְרוֹעוֹתַי;
וְעָמַדְתִּי לַשָּׁוְא מִתַּחַת לַכּוֹנָנִיּוֹת הָאֲסוּרוֹת.
אַךְ כְּבָר אָז הָיִיתִי מְסֻמָּן לִכְלָיָה כְּתַפּוּחַ
לְקִלּוּף, כְּשׁוֹקוֹלָדָה, כְּרִמּוֹן־יָד לְפִצּוּץ וָמָוֶת.
כַּף הַכֻּתֹּנֶת הֶחֱזִיקָה אוֹתִי הֵיטֵב. שָׁמַי הָיוּ
פְּנִים כַּף־הַיָּד הַמַּחֲזִיקָה, הָרַכָּה, וּבַחוּץ
הָעוֹר הַמְחֻסְפָּס, כּוֹכָבִים קָשִׁים, וְרִידִים בּוֹלְטִים,
קַוֵּי תְעוּפָה, שֵׂעָר שָׁחוֹר, מַסְלוּלֵי פְּגָזִים
בְּדוּמֵם וּבִמְיַלֵּל, בְּשָׁחוֹר וּבְנוֹתֵב זֹהַר.
וּבְטֶרֶם הָיִיתִי מַמָּשִׁי וְשׁוֹהֶה כָּאן,
עָמְסוּ כִּתְפֵי הַלֵּב יָגוֹן לֹא לִי
וְרַעֲיוֹנוֹת זָרִים נִכְנְסוּ, עֲצוּרִים
וּלְאִטָּם וּבִגְרְגּוּר עָמֹק, כְּרַכֶּבֶת
לְתוֹךְ הַתַּחֲנָה הַחֲלוּלָה וְהַמְּאֻזֶּנֶת.

The days bent over me quietly, like a doctor
and a mother, and began to whisper together,
while the grass bent, flattened by the bitter wind
on the hills I shall never climb again.
Moon and stars and the ancient deeds of adults
were put high on a shelf
out of my reach;
in vain I stretched up to the forbidden bookshelves.
But even then I was marked for death like an orange
for peeling, like chocolate for breaking, like a hand-grenade
for explosion. The hand of fate held me tight.
My heaven was the soft palm — it's outside
coarse skin, hard stars; its protruding veins,
airlines; its black hairs, the trajectory of shells
silent or shining, in darkness or with flares.
And before I was real and here to stay,
my heart shouldered sorrows not my own,
and strange ideas entered me, muffled, slow,
jolting like a train
into a listening, hollow station.

אָכַלְתָּ וְשָׂבַעְתָּ וּבֵרַכְתָּ
לְבַד וּבִמְזֻמָּן וּלְבַד,
בְּחַדְרֵי יִחוּד שֶׁלְּאַחַר הַחֻפָּה, וּבַחוּץ
עָמְדוּ הָעֵדִים הַמְזֻקָּנִים וְהֶאֱזִינוּ
לְקוֹלוֹת שֶׁל אַהֲבָה, לַאֲנָחוֹת וּלְהֶמְיוֹת וּלְצַעֲקוֹת
שֶׁלִּי וְשֶׁלָּךְ בַּחֲדַר הַיִּחוּד. וְעַל הַדֶּלֶת
נֶעֶרְמוּ מַתָּנוֹת כְּלוּלוֹת כְּמוֹ מַתָּנוֹת
מֵתִים עַל פִּי קִבְרֵי מַלְכֵי מִצְרַיִם.
אַרְיוֹת־אֶבֶן שֶׁל גִּשְׁרֵי עִיר יַלְדוּתִי שָׁמְרוּ
עָלֵינוּ עִם אַרְיוֹת אֶבֶן שֶׁל הַבַּיִת הַיָּשָׁן בִּירוּשָׁלַיִם.

You ate and were full and blessed
alone and in company and alone.
In the marriage room, and outside after
the wedding, stood the bearded witnesses listening
for the voices of love, the sighs and the moans and the cries,
mine and yours in the marriage room. And at the door
wedding gifts mounted up like gifts for the dead
in the tombs of Egyptian kings.
The stone lions on the bridges in the city of my childhood
stood guard with the stone lions of the old house in Jerusalem.

לֹא אָכַלְתָּ, לֹא שָׂבַעְתָּ. דִּבַּרְתָּ גְּדוֹלוֹת
בְּפֶה קָטָן. לִבְּךָ לְעוֹלָם לֹא יִלְמַד לֶאֱמֹד מֶרְחַקִּים.
הָרָחוֹק בְּיוֹתֵר בִּשְׁבִילוֹ הוּא הָעֵץ הַקָּרוֹב בְּיוֹתֵר,
שְׂפַת הַמִּדְרָכָה, פְּנֵי הָאֲהוּבָה. כְּמוֹ עִוֵּר
הִכָּה הַלֵּב הָעִוֵּר בְּמַקְלוֹ בַּמִּכְשׁוֹל וַעֲדַיִן
הוּא מַכֶּה וּמְגַשֵּׁשׁ בְּלִי לְהִתְקַדֵּם. מַכֶּה וְיַכֶּה.
בְּדִידוּת הִיא אַחַד הַזְּמַנִּים שֶׁבּוֹ אֶפְשָׁר לְהַטּוֹת
פְּעוּלוֹת; מַכֶּה, יַכֶּה. זְמַן הוּא רֵיחַ. לְמָשָׁל,
רֵיחַ שְׁנַת 1929, כְּשֶׁהָעַצְבוּת בֵּרְכָה עָלֶיךָ
בִּרְכַּת פְּרִי רִאשׁוֹן, שֶׁהֶחֱיָנוּ. וְלֹא יָדַעְתָּ שֶׁהָיִיתָ
לָהּ פְּרִי רִאשׁוֹן.

You did not eat. Were not full. Spoke big words
from a small mouth. Your heart will never learn
to judge distances. The thing farthest from it
is the nearest tree, the pavement's edge, the lover's face.
The blind heart taps, like the blind,
its stick against obstacles and still taps
and gropes without progress. Taps and taps.
Loneliness is a tense in which actions can be
declined. Tap, will tap. Time is a flavor. For example
the flavor of 1929, when sadness said over you
the blessing of the first fruits. "Who hath preserved us to this day."
And you did not know you were her first fruit.

הִתְחַנַּכְתָּ בְּגַן יְלָדִים לְפִי שִׁיטַת מוֹנְטֶסוֹרִי. לִמְּדוּ
אוֹתְךָ לֶאֱהֹב לַעֲשׂוֹת דְּבָרִים לְבַד, בְּמוֹ יָדֶיךָ, חִנְּכוּ
אוֹתְךָ לִקְרַאת בְּדִידוּת. שָׁפַכְתָּ זֶרַע
לְבַטָּלָה, מִקְרֵי לַיְלָה וּמִקְרֵי יוֹם. ״אֲסַפֵּר לְאָבִיךָ״.
אוּלָמוֹת רֹאשׁ־הַשָּׁנָה הֵדִיִּים וַחֲלוּלִים וּמְכוֹנוֹת
יוֹם־כִּפּוּר לְבָנוֹת בְּמַתֶּכֶת בְּהִירָה, גַּלְגַּלֵּי־שִׁנַּיִם
שֶׁל תְּפִלּוֹת, סֶרֶט נָע שֶׁל הִשְׁתַּחֲוָיוֹת וְקִדּוֹת
בְּזִמְזוּם מְאַיֵּם. חָטָאתָ, פָּשַׁעְתָּ
בְּתוֹךְ חֵיק אָפֵל בְּצוּרַת כִּפַּת בֵּית־הַכְּנֶסֶת,
מְעָרַת הַתְּפִלָּה הָעֲגֻלָּה וְהַקְּדוּמָה,
אֲרוֹן־הַקֹּדֶשׁ הַפָּעוּר סִנְוֵר אוֹתְךָ
בַּחֲקִירַת דַּרְגָּה שָׁלֹשׁ. אַתָּה מוֹדֶה? אַתָּה מוֹדֶה?
מוֹדֶה אֲנִי לְפָנֶיךָ בַּבֹּקֶר עִם שֶׁמֶשׁ בַּחוּץ. מַה
שִּׁמְךָ? אַתָּה נִכְנָע? עָוִיתָ, כָּשִׁיתָ, אַתָּה חַי?
אֵיךְ אַתָּה? (״אַתָּה אוֹהֵב אוֹתִי?״). זָכַרְתָּ, שָׁכַחְתָּ.

You went to a Montessori kindergarten.
You were taught to love, to do things alone, with your own hands.
You were educated to loneliness. You masturbated,
wet dream of the day and wet dream of the night. "I'll tell your father."
Hollow halls of New Year echoing. — Yom Kippur machines
in white, bright metal, caterpillar tracks
of prayers, conveyor belts of bowing and prostrating,
with a threatening hum. You have sinned. You have transgressed.
In a dark womb shaped like a synagogue dome,
round, ancient cave of prayer, the open ark
blinding, like an interrogation, a third degree.
Do you confess? Do you confess? I confess
before thee in the morning, when sunshine is outside. What
is your name? Do you surrender? You have trespassed. You have grown
    fat. Are you alive?
Who are you? (Do you love me?) You have remembered. You have
    forgotten.

הוֹ, מוֹנְטֶסוֹרִי, מוֹנְטֶסוֹרִי, הָאִשָּׁה לִבְנַת הַשֵּׂעָר,
מֵתָה רִאשׁוֹנָה שֶׁאָהַבְתִּי. "יֶלֶד, יֶלֶד!" עוֹד
עַכְשָׁו אֲנִי מִסְתּוֹבֵב בָּרְחוֹב אִם אֲנִי שׁוֹמֵעַ כָּךְ
מֵאֲחוֹרַי.

לְאַט וּבִכְאֵבִים נוֹרָאִים נֶהְפַּךְ הָאֲנִי לְהוּא, אַחַר
שֶׁנָּח מְעַט בָּאַתָּה. אַתְּ לָהֶם. הַנִּתּוּחַ נַעֲשָׂה
בְּעֵינַיִם פְּקוּחוֹת, רַק הַמָּקוֹם אוּלַי מֻרְדָּם בְּקֶרַח
אוֹ בְּסַם אַהֲבָה. גַּם אַחֲרֶיךָ יִקְרְאוּ: חוֹלֵם! חוֹלֵם!
לֹא תוּכַל, לֹא תוּכַל. מַה שִּׁמְךָ עַכְשָׁו? וְאַף
שֵׁם אֶחָד לֹא נָשָׂאתִי לַשָּׁוְא. שֵׁמוֹת הֵם טוֹבִים
לִילָדִים. אָדָם מְבֻגָּר מִתְרַחֵק מִשְּׁמוֹ. נִשְׁאָר לוֹ שֵׁם
הַמִּשְׁפָּחָה. אַחַר כָּךְ אָב, מוֹרֶה, דּוֹד, אָדוֹן, הוֹ אָדוֹן,
הֵי אַתָּה שָׁם! (אַתָּה אוֹהֵב אוֹתִי? – זֶה אַחֶרֶת,
זֶה יוֹתֵר מִשֵּׁם), אַחַר כָּךְ מִסְפָּרִים וְאַחַר כָּךְ
אוּלַי: הוּא, הוּא יָצָא, הֵם יַחְזְרוּ, הֵם, הֵי! הֵי!
יַעַר הַשֵּׁמוֹת הוּא חָשׁוּף, וְגַן הַיְלָדִים.
הִשְׁלִיךְ אֶת עֲלֵי עֵצָיו וְהוּא שָׁחוֹר וְיָמוּת.

Oh Montessori, Montessori, white-haired woman,
the first of the dead I loved, "Child, child!" Still
I turn in the street when I hear that called out
behind me.
Slowly and in great pain "I" turns into "he" after
resting a little in "you". You into them.
The operation is performed under a local. Open-eyed.
Only the place anaesthetised with ice, or the drug of love.
They will call after you too "Dreamer! Dreamer?"
You won't be able to, you can't. What is your name now?
I took no name in vain. Names are for children.
Adults vanish from their names. Only their surnames remain.
Afterwards, Father, Sir, Uncle, Mister. Hey Mister,
You there! (Do you love me? That's different,
that's more than a name.) Afterwards numbers and
perhaps: He. He went out. They will return, they — hey
    there, hey you.
The forest of names is withered, and the kindergarten
has shed the leaves of its trees, is black and will die.

וּבְעֶרֶב שַׁבָּת תָּפְרוּ לִי אֶת מִטְפַּחְתִּי
לְזָוִית כִּיס־מִכְנָסַי, שֶׁלֹּא אֲטַלְטֵל אוֹתָהּ בְּשַׁבָּת קֹדֶשׁ
וְלֹא אֶחֱטָא. וּבְחַגִּים בֵּרְכוּ אוֹתִי כֹּהֲנִים
מִתּוֹךְ מְעָרוֹת לְבָנוֹת שֶׁל טַלִּיתוֹתֵיהֶם, בְּאֶצְבָּעוֹת
מְעֻוָּתוֹת כְּחוֹלֵי נְפִילָה. הִסְתַּכַּלְתִּי בָּהֶם
וֵאלֹהִים לֹא רָעַם: וּמֵאָז הוֹלֵךְ וְנָסוֹג
רַעְמוֹ וְנַעֲשֶׂה לִדְמָמָה גְדוֹלָה. הִסְתַּכַּלְתִּי בָּהֶם
וְעֵינַי לֹא הִתְעַוְּרוּ: וּמֵאָז הוֹלְכוֹת וְנִפְתָּחוֹת
עֵינַי יוֹתֵר וְיוֹתֵר מִשָּׁנָה לְשָׁנָה, עַד בְּלִי שֵׁנָה,
עַד כְּאֵב, עַד בְּלִי עַפְעַפַּיִם, עַד בְּלִי עֲנָנִים, בְּלִי שָׁנָה.

מָוֶת אֵינֶנּוּ שֵׁנָה אֶלָּא פְּעִירַת עֵינַיִם, כָּל
הַגּוּף נִפְעָר עִם הָעֵינַיִם מֵאֵין מָקוֹם בָּעוֹלָם הַצָּר.

On Fridays they stitched my handkerchief
to the corner of my pocket, to prevent me from carrying
a sin on the Holy Sabbath. On festivals priests blessed me
from the white caves of their shawls, blessed me
with cramped epileptic fingers. I looked at them
and God didn't thunder. Since then his thunder
has rolled back and become a great silence.
I looked and my eyes were not blinded.
Since then my eyes have opened wider and wider
from year to year, beyond sleep,
to the rim of pain, beyond eyelids, beyond clouds, beyond years.

Death is not sleep but open eyes, the whole body
gaping with eyes, pressed in the narrow space of the world.

מַלְאָכִים נִרְאוּ כְּסִפְרֵי־תוֹרָה בְּשִׂמְלוֹת קְטִיפָה וְתַחְתּוֹנִיּוֹת
מֶשִׁי לָבָן, בִּכְתָרִים וּבְפַעֲמוֹנִיּוֹת כֶּסֶף, מַלְאָכִים
הִתְעוֹפְפוּ סְבִיבִי וְהֵרִיחוּ בְּלִבִּי וְקָרְאוּ אָהּ אָהּ,
זֶה אֶל זֶה בְּחִיּוּךְ מְבֻגָּרִים. ״אֲסַפֵּר לְאָבִיךְ״.
וְעוֹד עַכְשָׁו, אַחַר שְׁלֹשִׁים וְשָׁלֹשׁ שָׁנִים, נִשְׁאֲרָה
בִּרְכַּת אָבִי בִּשְׂעָרִי, אַף עַל פִּי שֶׁהוּא גָּדַל פֶּרֶא נֶגֶב
דְּבִיק דָּם וַאֲבַק לֵס, וְאַף עַל פִּי שֶׁגָּזַזְתִּי וְקִצַּצְתִּי אוֹתוֹ,
כְּדֵי מִבְרֶשֶׁת מִלְחַמְתִּית וּבְלוֹרִית עִירוֹנִית צָרְפָתִית
עֲצוּבָה דְּבוּקָה לְמִצְחִי. אַף עַל פִּי כֵן,
הַבְּרָכָה נִשְׁאֲרָה בִּשְׂעַר קָדְקֳדִי הַמְבֹרָךְ.

Angels like sacred scrolls in velvet robes
and white silk petticoats, with crowns and silver bells. Angels
flew about me and sniffed at my heart and cried to each other,
Ah, Ah, with adult smiles. "I will tell your father."
And even now, after thirty-three years my father's blessing
remains in my hair, though it grew wild in the desert,
sticky with blood and Negev dust, though I cropped
and chopped it to a war brush, and later
stylish French fashion stuck sadly to my forehead.
Still the blessing remains in the hair of my blessed head.

דֶּרֶךְ חֵיפָה בָּאתָ. הַגָּמָל הָיָה חָדָשׁ, הַיֶּלֶד הָיָה חָדָשׁ.
עַל הַבֶּטֶן שָׁכַבְתָּ, לֹא כְּדֵי לְנַשֵּׁק אֶת אַדְמַת הַקֹּדֶשׁ,
אֶלָּא מִפְּנֵי יְרִיּוֹת 1936. חַיָּלִים בְּרִיטִיִּים
חוֹבְשֵׁי מִגְבָּעוֹת אִימְפֶּרְיָה גְּדוֹלָה עֲשׂוּיוֹת שַׁעַם,
שְׁלִיחֵי מַלְכוּת מִתְפּוֹרֶרֶת, פָּתְחוּ לְךָ אֶת
מַלְכוּת חַיֶּיךָ הַחֲדָשָׁה. "מַה שִּׁמְךָ?". חַיָּלִים
פָּתְחוּ לְךָ בִּזְרוֹעוֹת קַעֲקַע חָרוּת: דְּרָקוֹן, שְׁדֵי
אִשָּׁה וִירֵכֶיהָ, סַכִּין וְנָחָשׁ קַדְמוֹן מִתְפַּתֵּל, שׁוֹשַׁנָּה
גְּדוֹלָה וְעִכּוּזֵי נַעֲרָה. מֵאָז שׁוֹקֵעַ כְּתָב
הַקַּעֲקַע וְצִיּוּרָיו לְתוֹכְךָ פְּנִימָה, בְּלִי שֶׁיֵּרָאֶה
בַּחוּץ. הַכְּתָב הוֹלֵךְ וְשׁוֹקֵעַ בַּחֲרִיתָה מַתְמֶדֶת וּכְאֵב
עַד לְנִשְׁמָתְךָ, שֶׁגַּם הִיא קְלָף כְּתָב מְגֻלְגָּל כְּמוֹ
מְזוּזָה לְאֹרֶךְ גּוּפְךָ הַפְּנִימִי.
הָיִיתָ לְאַסְפָן שֶׁל כְּאֵבִים בְּמַסֹּרֶת הָאָרֶץ הַזֹּאת.
"אֵלִי, אֵלִי, לָמָּה?" עֲזַבְתָּנִי. אֵלִי, אֵלִי. גַּם אָז
הָיָה צָרִיךְ לִקְרֹא לוֹ פַּעֲמַיִם. הַקְּרִיאָה הַשְּׁנִיָּה
כְּבָר כִּשְׁאֵלָה, מִתּוֹךְ סָפֵק רִאשׁוֹן: אֵלִי?

You come via Haifa. The harbor was new. The child was new.
You lay on your belly, not to kiss the Holy Land
but because of the riots of 1936.
British soldiers, wearing the cork helmets of a crumbling empire
threw open to you your life's new kingdom. What's your name?
Threw open to you with their tattooed arms: dragons,
women's breasts, thighs; a dagger, the coiled serpent, a rose,
girls' buttocks. Since then this view has sunk deep within you
not to be seen from outside; painfully engraved and as deep
as your soul, itself an inscribed parchment, a mezuzah
lying aslant the length of your inner body.
You became a collector of pain in the tradition of this country.
My God, my God, why? Have you forsaken me?
My God, my God. Even then you had to call him twice.
The second time already a question, a first doubt: my God?

עוֹד לֹא אָמַרְתִּי אֶת הַמִּלָּה הָאַחֲרוֹנָה. עוֹד לֹא
אָכַלְתִּי וּכְבָר שָׂבַעְתִּי. הַשִּׁעוּל שֶׁלִּי הוּא לֹא
מֵעָשָׁן וְלֹא מִמַּחֲלָה, אֶלָּא הוּא צוּרָה
מִרְכֶּזֶת וְחוֹסֶכֶת־זְמַן שֶׁל שְׁאֵלוֹת.
כָּל שֶׁהָיָה הוּא כְּלֹא הָיָה וְכָל הַשְּׁאָר
אֵינֶנִּי יוֹדֵעַ. כָּתוּב אוּלַי בַּסְּפָרִים הַקָּשִׁים שֶׁבָּאִצְטַבָּה,
בְּקוֹנְקוֹרְדַּנְצְיוֹת הַכְּאֵב וּבְמִלּוֹנֵי הַשִּׂמְחָה,
בְּאֶנְצִיקְלוֹפֶּדְיוֹת דְּבוּקוֹת־הַדַּפִּים כְּעֵינַיִם שֶׁאֵינָן
רוֹצוֹת לְשַׁחְרֵר אֶת חֲלוֹמָן בַּשַּׁחַר, בְּחִלּוּפֵי מִכְתָּבִים נוֹרָאִים
שֶׁל מַרְקְס־אֶנְגֶּלְס, אֲנִי־אַתְּ, אֱלֹהִים־הוּא,
בְּסֵפֶר אִיּוֹב, בַּמִּלִּים הַקָּשׁוֹת. פְּסוּקִים
שֶׁהֵם חֲתָכִים עֲמֻקִּים בִּבְשָׂרִי. פְּצָעִים אֲרֻכִּים
וַאֲדֻמִּים מִצְלִיפוֹת, פְּצָעִים מְמֻלָּאֵי מֶלַח לָבָן, כַּבָּשָׂר
שֶׁאִמִּי הִמְלִיחָה וְהִכְשִׁירָה, שֶׁלֹּא יִהְיֶה דָּם, אֶלָּא
מֶלַח וָרֹד סְפוּג דָּם, אֶלָּא כְּאֵבִים שֶׁהֵם
יְדִיעָה צוֹרֶבֶת, כַּשְׁרוּת וְטָהֳרָה.
הַשְּׁאָר – לֹא יָדוּעַ וְהִתְנַכְּרוּת בָּאֲפֵלָה. כְּאַחִים בְּמִצְרַיִם
נַחֲכֶה, כּוֹרְעִים בְּאֹפֶל בִּרְכֵּינוּ, מַטְמִינֵי הַפָּנִים
הַנִּכְנָעִים, עַד שֶׁהָעוֹלָם לֹא יוּכַל עוֹד לְהִתְאַפֵּק
וְיִבְכֶּה וְיִצְעַק: אֲנִי יוֹסֵף אֲחִיכֶם! אֲנִי הָעוֹלָם!

I haven't said the last word yet. I haven't
eaten yet, and I am already full. My cough is not
from smoking or illness. It is a compact
and economical form of inquiry.
Whatever has been is as if it never was.
And the rest I do not know. Perhaps
it is written in the difficult books on the shelf,
in the concordances of pain and the dictionaries of joy,
in the encyclopedias with stuck pages, like eyes
not wanting to let their dream go at dawn,
in the terrible correspondence
of Marx and Engels, you and I, he and God,
in the book of Job, in the hard words. Lines
that are deep cuts in my flesh. Long wounds
red from whips, wounds full of white salt, like meat
that my mother salted and koshered, so that there would be no blood
only pink salt soaked in blood, only the pain
of searing knowledge, the sacred, the pure.
The rest — unknown, alien in darkness.
We will wait, bow down on our knees like the brothers in Egypt in the dark,
hiding servile faces, till the world can no longer
resist and will weep and cry out: I am Joseph
your brother! I am the world!

בִּשְׁנַת פֶּרֶץ הַמִּלְחָמָה עָבַרְתִּי לְיַד בֶּטֶן אִמֵּךְ
שֶׁבָּהּ יָשַׁבְתְּ כְּבָר אָז מְכֻרְבֶּלֶת כְּמוֹ בַּלֵּילוֹת אִתִּי.
קֶצֶב מַשְׁאֵבוֹת הַפַּרְדֵּסִים וְקֶצֶב יְרִיּוֹת הָיוּ קִצְבֵּנוּ.
זֶה מַתְחִיל! אוֹר וּכְאֵב, בַּרְזֶל וְעָפָר וַאֲבָנִים.
אֲבָנִים וּבָשָׂר וּבַרְזֶל בְּצֵרוּפִים מִשְׁתַּנִּים שֶׁל
חֳמָרִים. תֵּן לַחֳמָרִים אֲשֶׁר לַחֳמָרִים! עָפָר, עָפָר,
מֵאָדָם אַתָּה וְאֶל אָדָם תָּשׁוּב. זֶה מַתְחִיל!
דָּמִי זוֹרֵם בְּהַרְבֵּה צְבָעִים וּמַעֲמִיד פְּנֵי אָדָם
כְּשֶׁהוּא פּוֹרֵץ הַחוּצָה. גַּם טַבּוּר הָאֲהוּבָה הוּא
עַיִן לִרְאוֹת אֶת הַקֵּץ. קֵץ וְהַתְחָלָה בְּגוּפָהּ.
שְׁנֵי קְפָלִים בְּעַכּוּז הַיְמָנִי, קֶפֶל אֶחָד בַּשְּׂמָאלִי,
מִשְׁקָפַיִם נוֹצְצִים לְיַד עוֹר בֶּטֶן לְבָנָה, גַּבָּהּ
מְקֻמֶּרֶת בְּצַעֲקַת הָעַיִן, מֶשִׁי שָׁחוֹר וָרַךְ עַל
עוֹר מָתוּחַ שֶׁל יְרֵכַיִם עָבִים. כָּתֵף בְּרוּרָה
וּבוֹלֶטֶת, חֲצוּיָה בִּרְצוּעַת בַּד שָׁחוֹר וְקַפְּדָנִי.
כָּתֵף וְכָתֵף, בָּשָׂר וּבָשָׂר, עָפָר וְעָפָר.

The year the war broke out I passed your mother's belly
in which you crouched, as at night with me.
Our rhythm was the rhythm of the orchard pumps and the rhythm of shots.
It's started! Light and pain, iron and earth and stones.
Stones and flesh and iron in changing combinations
of matter. Render unto matter that which is matter's. Dust, dust,
from man thou cam'st and unto man thou shalt return.
It's started! My blood flows in many colors and puts on
red when it bursts out. My love's navel is an eye
to see the end. Beginning and end in her body.
Two creases in the right buttock, one in the left,
Glasses glitter against white skin of belly, eyebrow
arches to the eye's cry. Silk, soft and black on tense
skin of thick thighs. Shoulder distinct and prominent,
halved by a cloth strap, black, precise.
Shoulder to shoulder, flesh to flesh, dust to dust.

כְּאַגָּדָה וְיֶלֶד, אֱהוֹב וָשׁוֹב, עוֹלָם וָאֹזֶן,
זְמַן בְּתוֹךְ חִיּוּךְ שַׁבְּלוּלִי, אֱהַב וְהִפָּתַח:
הַבַּיִת לַלַּיְלָה, הָאֲדָמָה לַמֵּתִים וְלַמָּטָר
לְמָחֳרַת מַתְּנַת הַשֶּׁמֶשׁ. אָבִיב הֶעֱלָה בָּנוּ
דִּבּוּרִים שֶׁל יָרֹק וְהַקַּיִץ הַמֵּר שֶׁנַּגִּיעַ
רִאשׁוֹנִים וְאַהֲבָה פָּרְצָה מִתּוֹכֵנוּ, בְּבַת אַחַת,
מִכָּל הַגּוּף, כַּזֵּעָה, בְּפַחַד חַיֵּינוּ, בְּרִיצַת חַיֵּינוּ, בַּמִּשְׂחָק.
וִילָדִים גָּדְלוּ וְהִתְבַּגְּרוּ, כִּי פְּנֵי הַמַּיִם
עוֹלִים בְּלִי הֶרֶף בַּמַּבּוּל הַנּוֹרָא, וְכָל גְּדִילָתָם
בִּגְלַל הַמַּבּוּל הָעוֹלֶה, כְּדֵי לֹא לִטְבֹּעַ.
וַעֲדַיִן, בְּאֶצְבָּעוֹת מֻכְתָּמוֹת בְּיָרֵחַ, כְּאֶצְבְּעוֹת מוֹרֶה בְּגִיר,
מְלַטֵּף אֱלֹהִים אֶת רֹאשֵׁנוּ, וּכְבָר פִּרְקֵי יָדָיו
שִׁירָה וּמַלְאָכִים! וְאֵיךְ מַרְפְּקָיו! אֵיךְ פְּנֵי
הָאִשָּׁה הַמֻּפְנוֹת כְּבָר לְעִנְיָן אַחֵר. פְּרוֹפִיל בַּחַלּוֹן.

A story and a child, love and again, world and ear,
time in a curled smile, loving and opening:
the house to the night, the earth to the dead and the rain
after the gift of sun. Spring sprouted green words
in us, and the summer gambled on our arriving first,
and love burst out of us, all at once,
all over, like sweat, in the fear,
in the race of our lives, the game.
And children grew and ripened, for the water level
rises all the time with the terrible flood, and all their growth
is because of the rising flood, so as not to drown.
And still, his finger-tips dusted with moon,
like a schoolmaster's with chalk,
God strokes our head, his wrists already
song and angels! And what elbows! And what a face —
of a woman already turned to other matters. A profile
in a window.

הָעוֹרְקִים בְּרַגְלַי מַתְחִילִים לְבַלֵּט, כִּי רַגְלַי מְהַרְהֲרוֹת
הַרְבֵּה, וַהֲלִיכָתָן הִרְהוּרִים. אֶל תּוֹךְ הָעֲזוּבָה הָרֵיקָה
שֶׁבְּרִגְשׁוֹתַי שָׁבוֹת חַיּוֹת־הַפֶּרֶא שֶׁנָּטַשְׁתִּי אוֹתָהּ כְּשֶׁבֵּרֵאתִי
וְיִבַּשְׁתִּי וְעָשִׂיתִי אֶת חַיֵּי תַּרְבּוּת מְיֻשֶּׁבֶת. שׁוּרוֹת
סְפָרִים אֲרֻכּוֹת, חֲדָרִים וּפְרוֹזְדוֹרִים רְגוּעִים.
גּוּפִי בָּנוּי לְתְהוּדָה טוֹבָה כְּאוּלָם קוֹנְצֶרְטִים,
קוֹל בְּכִי וּצְעָקוֹת לֹא יַעַבְרוּ. הַקִּירוֹת סוֹפְגִים
וַאֲטוּמִים, גַּלֵּי זִכְרוֹנוֹת מְחֻזָּרִים. וּמֵעָלַי, בַּתִּקְרָה,
חֶפְצֵי יַלְדוּת, מִלִּים רַכּוֹת, שִׂמְלוֹת נָשִׁים, טַלִּית אָבִי,
גּוּפִים לְמֶחֱצָה, צַעֲצוּעִים גְּדוֹלִים וְצַמְרִיִּים, עֲנָנִים,
נוֹשֵׂי לַיְלָה טוֹב, שֵׂעָר כָּבֵד: כְּדֵי לְחַזֵּק אֶת הַתְּהוּדָה בִּי.

The veins in my legs begin to protrude, because
my legs think a lot, their pace is thoughts. Into the desolate space
of my feelings wild beasts return, that left
when I tilled and drained, and made my life
a settled civilisation. Long rows of books,
restful rooms and corridors. My body
built for good resonance like a concert hall,
cries and shouts don't get through. The walls
absorbent and impenetrable. Waves of memory
rebound. And up above, in the ceiling,
childish possessions, soft words, women's dresses,
my father's prayer shawl,
half bodies, big furry toys, clouds,
lumps of good night, heavy hair:
to heighten the resonance.

עָפָר, עָפָר, גּוּפִי, מְתֻקָּן מַחֲצִית חַיַּי. עֲדַיִן
פְּגוּמִים נוֹעָזִים שֶׁל תִּקְווֹת, סְלָמוֹת רוֹעֲדִים
עַל לֹא־מֻגְמָר מִבַּחוּץ, גַּם הָרֹאשׁ אֵינוֹ אֶלָּא
הַתַּחְתּוֹנָה בֵּין קוֹמוֹת נוֹסָפוֹת שֶׁתֻּכְנְנוּ.
עֵינַי, הָאַחַת עֵרָה וּמְעֻנְיֶנֶת, הַשְּׁנִיָּה אֲדִישָׁה
וּרְחוֹקָה, כִּמְקַבֶּלֶת הַכֹּל מִבִּפְנִים, וְיָדַי הַמּוֹשְׁכוֹת
סְדִינִים עַל פְּנֵי מֵתִים וְחַיִּים. תַּם וְנִשְׁלָם.
פָּנַי בְּגִלּוּחַ פְּנֵי מְקִיץ לְבֶן־קֶצֶף, הַקֶּצֶף
הַיָּחִיד שֶׁאֵינוֹ שֶׁל זַעַם. פָּנַי מַשֶּׁהוּ בֵּין פַּר מְטֹרָף
וּבֵין צִפּוֹר נוֹדֶדֶת שֶׁאִבְּדָה אֶת כִּוּוּן הֲגִירָתָהּ
וּמְפַגֶּרֶת אַחַר הַלַּהַק, אַךְ רוֹאָה דְּבָרִים
אִטִּיִּים וְטוֹבִים לִפְנֵי מוֹתָהּ בַּיָּם.
כְּבָר אָז, וּמֵאָז וְהָלְאָה תָּמִיד, פָּגַשְׁתִּי
אֶת פּוֹעֲלֵי הַבָּמָה שֶׁל חַיַּי, מְזִיזֵי הַקִּירוֹת
וְהָרָהִיטִים וְהָאֲנָשִׁים, מַעֲלִים וּמוֹרִידִים
אַשְׁלָיוֹת חֲדָשׁוֹת שֶׁל בָּתִּים חֲדָשִׁים,
נוֹפִים שׁוֹנִים, מֶרְחַקִּים
בְּפֶּרְסְפֶּקְטִיבָה, לֹא מֶרְחַקִּים שֶׁל מַמָּשׁ,
קִרְבָה וְלֹא קִרְבַת אֱמֶת. כֻּלָּם, כֻּלָּם,
אוֹהֲבַי וְשׂוֹנְאַי, הֵם בַּמָּאִים וְעוֹבְדֵי־בָּמָה,
חַשְׁמַלָּאִים לְהָאִיר בְּאוֹר שׁוֹנֶה, מַרְחִיקִים
וּמְקָרְבִים, מְשַׁנִּים וּמְשַׁנּוֹת, תּוֹלִים וּתְלוּיִים.

Dust, dust, my body, the frame of half my life. Still
bold scaffolding of hope, shaky ladders
against the unfinished outside. Even the head
is no more than the lowest
of the extra floors that were planned. My eyes,
one alert and interested, the other
distant and indifferent, as if receiving all from within,
and my hands drawing sheets
over the faces of the dead and the living. It is done.
Shaving, my face is a clown's, foamy white,
the only froth that isn't anger's. My face
is something between mad bull
and migratory bird that has lost its way
and lags behind the flock, but sees
slow, good things before its death in the sea.
Even then, and ever since, I met
the stagehands of my life, the shifters of walls,
and furniture and people, putting up and taking down,
new illusions of new houses,
new scenes, vistas
in perspective, not real. Resemblance
not truly close. Everyone, all,
all my lovers and haters are directors and stagehands,
electricians for rigging up a strange light which
dims and brings near, changes and alters,
hanging up and hanging about.

כָּל יְמֵי חַיָּיו נִסָּה אָבִי לַעֲשׂוֹת אוֹתִי לְגֶבֶר,
שֶׁיִּהְיוּ לִי פָּנִים קָשׁוֹת כְּמוֹ קוֹסִיגִין וּבְרֶזְ'נְיֶב,
כְּמוֹ גֶּנֶרָלִים וְאַדְמִירָלִים וְאַנְשֵׁי בּוּרְסָה וַאֲמַרְכָּלִים,
כָּל אֵלֶּה אָבוֹת מְדֻמִּים שֶׁקָּבַעְתִּי אוֹתָם
בִּמְקוֹם אָבִי, בָּאָרֶץ הָרַכָּה שֶׁל שִׁבְעַת הַמִּינִים
(לֹא רַק שְׁנַיִם, זָכָר וּנְקֵבָה, אֶלָּא שִׁבְעָה מִינִים
מֵעֵבֶר לָנוּ, תְּאֵבִים מֵאִתָּנוּ, קָשִׁים וּמְמִיתִים מִשֶּׁלָּנוּ).
אֲנִי צָרִיךְ לְהַבְרִיג עַל פָּנַי הַבָּעַת גִּבּוֹר
כְּמוֹ נוּרָה מֻבְרֶגֶת הֵיטֵב לְתוֹךְ סְלִילֵי בֵּיתָהּ הַקָּשֶׁה,
לְהַבְרִיג וּלְהַבְרִיק.
כָּל יְמֵי חַיָּיו נִסָּה אָבִי לַעֲשׂוֹת אוֹתִי
לְגֶבֶר, אַךְ אֲנִי תָּמִיד גּוֹלֵשׁ בַּחֲזָרָה
לְתוֹךְ רַכּוּת יְרֵכַיִם וְגַעְגּוּעִים לְבָרֵךְ
שֶׁעָשַׂנִי כִּרְצוֹנוֹ. וּרְצוֹנוֹ אִשָּׁה.
אָבִי פָּחַד לְבָרֵךְ בְּרָכָה לְבַטָּלָה.
לְבָרֵךְ בּוֹרֵא פְּרִי הָעֵץ וְלֹא לֶאֱכֹל אֶת הַתַּפּוּחַ.
לְבָרֵךְ בְּלִי לֶאֱהֹב. לֶאֱהֹב בְּלִי לִשְׂבֹּעַ.
אָכַלְתִּי וְלֹא שָׂבַעְתִּי וְלֹא בֵּרַכְתִּי.
חַיַּי מִשְׂתָּרְעִים וְנִפְרָדִים אֵלֶּה מֵאֵלֶּה:
בְּיַלְדוּתִי הָיוּ עוֹד סִפּוּרֵי מְלָכִים וְשֵׁדִים
וְנַפָּחֵי־סוּסִים, עַכְשָׁו בָּתֵּי זְכוּכִית וּכְלֵי חָלָל
מַבְרִיקִים וּדְמָמוֹת זוֹהֲרוֹת שֶׁאֵין לָהֶן תִּקְוָה.
יָדַי מוּשָׁטוֹת אֶל עָבָר לֹא לִי וְאֶל עָתִיד לֹא לִי:
קָשֶׁה לֶאֱהֹב, קָשֶׁה לִסְגֹּר חִבּוּק
בְּיָדַיִם כָּאֵלֶּה.
כְּקַצָּב הַמַּשְׁחִיז סַכִּין בְּסַכִּין בְּמִצְלָב
אֲנִי מַשְׁחִיז בִּי לֵב בְּלֵב. הַלְּבָבוֹת
הוֹלְכִים וְחַדִּים וְכָלִים, אַךְ תְּנוּעַת נַפְשִׁי
נִשְׁאֶרֶת תָּמִיד הַמַּשְׁחֶזֶת, וְקוֹלִי יֹאבַד בְּקוֹל מַתָּכוֹת.

All his life my father tried to make a man of me,
so that I'd have a hard face like Kosygin and Brezhnev,
like generals and admirals and stockbrokers and administrators:
imaginary fathers I made to replace
my father.
I have to screw into my face the expression of a hero
like a bulb screwed into its hard threaded socket
screwed in and lit up.
All my life my father tried to make
a man of me, but I always slip back
into the softness of thighs and the longing to bless:
"Who hast made me according to his will." And his will is woman.
My father feared a useless blessing.
To bless the Creator of fruit trees and not to eat the apple.
To bless without loving. To love without fullness.
I ate and was not full and did not bless.
My life spreads out and separates:
in my childhood there were still tales of kings and ghosts
and blacksmiths, now glass houses and shining space ships,
radiant silences without hope.
My hands are stretched out to a past not mine
and to a future not mine: it is hard to love,
hard to embrace, with hands like that.
Like a butcher sharpening knife on knife
I sharpen heart on heart. The hearts
get sharper and thinner and disappear. But my soul
still grinds, and my voice gets lost in the sound of metal.

וּבְיוֹם כִּפּוּר בְּנַעֲלֵי הִתְעַמְּלוּת רַצְתָּ.
וּבְקָדוֹשׁ, קָדוֹשׁ, קָדוֹשׁ, קָפַצְתָּ גָּבֹהַּ
וְגָבֹהַּ יוֹתֵר מִכֻּלָּם, כִּמְעַט עַד לְמַלְאֲכֵי הַתִּקְרָה,
וּבַהֲקָפוֹת שִׂמְחַת תּוֹרָה סוֹבַבְתָּ
שֶׁבַע פְּעָמִים וְשֶׁבַע
וְהִגַּעְתָּ בְּלִי נְשִׁימָה.
כְּמוֹ מֵרִים־מִשְׁקוֹלוֹת הָדַפְתָּ אֶל עָל
אֶת סֵפֶר הַתּוֹרָה בְּהַגְבָּהָה,
בִּשְׁתֵּי זְרוֹעוֹת רוֹעֲדוֹת
שֶׁיִּרְאוּ כֻּלָּם אֶת הַכָּתוּב וְאֶת כֹּחַ יָדֶיךָ.

On Yom Kippur, in tennis shoes, you ran.
And with Holy Holy Holy, you jumped up high
higher than any one, nearly up to the angels on the ceiling.
And in the circlings of Simchat Torah
you circled seven times and seven
and arrived breathless.
Like pumping iron you thrust up
the Scrolls of the Law, in the Raising Up
with both trembling arms
so that all could see what was written, and the strength of your arms.

בְּכוֹרְעִים וּמִשְׁתַּחֲוִים נָפַלְתָּ אַרְצָה
כְּמוֹ לְזִנּוּק שֶׁל קְפִיצָה גְּדוֹלָה אֶל כָּל חַיַּיִךְ.
וּבְיוֹם כִּפּוּר יָצָאתָ לְמִלְחֶמֶת־אֶגְרוֹף
נֶגֶד עַצְמְךָ: אָשַׁמְנוּ, בָּגַדְנוּ,
בְּאֶגְרוֹפִים קָשִׁים וּבְלִי כְּפָפוֹת,
מִשְׁקַל־נוֹצָה עַצְבָנִי נֶגֶד מִשְׁקָל כָּבֵד וְעָצוּב
וְנִכְנָע. הַתְּפִלּוֹת זָלְגוּ מִזָּוִית הַפֶּה
בְּקִלּוּחַ אָדֹם וְדַקִּיק. בַּטַּלִּית מָחוּ לְךָ
אֶת זֵעַת אַפֶּיךָ בֵּין הַסִּבּוּבִים.

Bowing down, bending the knee, you fell to the ground,
like a starting leap into the whole of your life.
On Yom Kippur you started a fist fight
with yourself: "We have trespassed, we have dealt treacherously,"
bare fists, no gloves, nervous
featherweight against sad heavyweight
giving up. Prayers dribbled from the corners of the mouth
a thin red stream. With a prayer shawl
they wiped off your sweat between rounds.

הַתְּפִלּוֹת שֶׁהִתְפַּלַּלְתָּ אוֹתָן בְּיַלְדוּתְךָ,
עַכְשָׁו הֵן חוֹזְרוֹת וְנוֹשְׁרוֹת מִלְמַעְלָה
כַּקְּלִיעִים שֶׁלֹּא פָּגְעוּ וְחוֹזְרִים
אַחֲרֵי הַרְבֵּה זְמַן לָאָרֶץ,
בְּלִי תְּשׂוּמֶת־לֵב, בְּלִי לִגְרֹם נֵזֶק.
כְּשֶׁאַתָּה שׁוֹכֵב עִם אֲהוּבָתְךָ
הֵן חוֹזְרוֹת. ״אֲנִי אוֹהֵב אוֹתָךְ״, ״אַתְּ
שֶׁלִּי״. מוֹדֶה אֲנִי לְפָנֶיךָ. ״וְאָהַבְתָּ״
אֶת אֲדֹנָי אֱלֹהֶיךָ. ״בְּכָל מְאֹדִי״ רִגְזוּ
וְאַל תֶּחֱטָאוּ וְדֹמּוּ, סֶלָה. סֶלַע. דְּמָמָה.
קְרִיאַת שְׁמַע עַל הַמִּטָּה. עַל הַמִּטָּה
בְּלִי קְרִיאַת שְׁמַע. עַל הַמִּטָּה הַכְּפוּלָה,
מְעָרַת הַמַּכְפֵּלָה שֶׁל מִטָּה. שְׁמַע. שְׁמַע.
שִׁמְעִי עַכְשָׁו עוֹד פַּעַם
בְּלִי שְׁמַע. בִּלְעָדַיִךְ.

The prayers of your childhood
return now, falling from above
like bullets that missed their mark and return
long afterwards, to earth,
arousing no attention, harmless.
When you lie with your beloved
they return. "I love you" "You
are mine." I confess before you. "Thou shallst love ..."
the Lord your God. "With all my might."
Be angry and sin not, and be still. Selah. Pillar. Silence.
Hear oh Israel in bed. In bed
without Hear oh Israel. In a double bed
the double cave of the bed. Hear, oh hear.
Now listen again.
Without hearing. Without you.

לֹא אֶצְבַּע אֱלֹהִים אַחַת אֶלָּא עֶשֶׂר אֶצְבְּעוֹתָיו
חוֹנְקוֹת אוֹתִי. ״לֹא אֶתֵּן לְךָ
לָתֵת לִי לָלֶכֶת מֵאִתְּךָ״. גַּם זֶה
אַחַד הַפֵּרוּשִׁים שֶׁל מָוֶת.
אַתָּה שׁוֹכֵחַ אֶת עַצְמְךָ כְּפִי שֶׁהָיִיתָ.
אַל תַּאֲשִׁימוּ אֶת שַׂר־הַמַּשְׁקִים שֶׁשָּׁכַח
אֶת חֲלוֹמוֹת יוֹסֵף! יָדַיִם עוֹד דְּבִיקוֹת
מִשַּׁעֲוַת הַנֵּרוֹת שָׁכְחוּ אֶת חַג הַחֲנֻכָּה.
הַמַּסֵּכוֹת הַמְקֻמָּטוֹת שֶׁל פָּנַי שָׁכְחוּ
אֶת שִׂמְחַת חַג הַפּוּרִים. הַגּוּף הַמִּסְתַּגֵּף
בְּיוֹם כִּפּוּר שָׁכַח אֶת הַכֹּהֵן הַגָּדוֹל
וְהַיָּפֶה, כָּמוֹךָ, בַּלַּיְלָה הַזֶּה, שָׁכַח אֶת הַשִּׁיר
בְּשִׁבְחוֹ: מַרְאֵה כֹּהֵן כַּשֶּׁמֶשׁ, כַּיַּהֲלֹם,
כַּפִּטְדָה, מַרְאֵה כֹּהֵן. וְגַם גּוּפֵךְ
הוּא אוּרִים וְתֻמִּים, הַפְּטָמוֹת, הָעַיִן,
הַנְּחִירַיִם, גּוּמָה, טַבּוּר, פִּי, פִּיךְ,
כָּל אֵלֶּה הֵאִירוּ לִי כְּחֹשֶׁן הַמִּשְׁפָּט,
כָּל אֵלֶּה אָמְרוּ לִי וְנִבְּאוּ לִי מַה לַּעֲשׂוֹת.
אֲנִי בּוֹרֵחַ, בְּטֶרֶם גּוּפֵךְ
יְנַבֵּא עָתִיד, אֲנִי בּוֹרֵחַ.

Not one finger of God but ten
choke me. "I won't let you let me leave you." That too
is a meaning of death.
You forget the way you were.
Don't blame the Pharaoh's Butler who forgot
the dream of Joseph! Hands still sticky with candle wax
forget Channukah. My face's wrinkled masks
have forgotten Purim. The body mortifying itself
on Yom Kippur forgot the High Priest (as beautiful
as you, this night), forgot the song of praise:
the appearance of the High Priest is like the sun,
like an onyx, a topaz. The appearance. Also your body
is Urim and Thummim.[1] The nipples, the eyes,
the nostrils, dimple, navel, mouth, your mouth —
all these blaze for me like the Priest's breastplate,
all these spoke to me and prophesied what I should do.
I run away. Before your body
prophesies the future, I run away.

לִפְעָמִים אֲנִי רוֹצֶה לַחֲזוֹר
אֶל כָּל מַה שֶּׁהָיָה לִי, כְּמוֹ בְּמוּזֵיאוֹן,
כְּשֶׁאַתָּה חוֹזֵר לֹא לְפִי סֵדֶר
הַתְּקוּפוֹת, בְּכִוּוּן הָפוּךְ, לֹא לְפִי הַחֵץ,
כְּדֵי לְחַפֵּשׂ אֶת הָאִשָּׁה הָאֲהוּבָה.
אֵיפֹה הִיא? הַחֶדֶר הַמִּצְרִי,
הַמִּזְרָח הָרָחוֹק, הַמֵּאָה הָעֶשְׂרִים, אֳמָנוּת
הַמְּעָרוֹת, הַכֹּל בְּעִרְבּוּבְיָה, וְהַשּׁוֹמְרִים
הַמְדֻאָגִים קוֹרְאִים אַחֲרֶיךָ:
זֶה בְּנִגּוּד לַתְּקוּפוֹת! לֹא לְשָׁם!
כָּאן הַיְצִיאָה. אַתָּה לֹא תִלְמַד מִזֶּה,
אַתָּה יוֹדֵעַ שֶׁלֹּא. אַתָּה מְחַפֵּשׂ, אַתָּה שׁוֹכֵחַ.
כְּמוֹ כְּשֶׁאַתָּה שׁוֹמֵעַ מִצְעָד שֶׁל תִּזְמֹרֶת
צְבָאִית בָּרְחוֹב וְאַתָּה נִשְׁאָר בַּמָּקוֹם וְשׁוֹמֵעַ
אוֹתָהּ מִתְרַחֶקֶת. לְאַט, לְאַט נֶאֱלָמִים
לְךָ קוֹלוֹתֶיהָ: בִּתְחִלָּה הַפַּעֲמוֹנִיּוֹת, אַחַר
כָּךְ מִשְׁתַּתְּקוֹת הַחֲצוֹצְרוֹת הַגְּדוֹלוֹת,
אַחַר כָּךְ שׁוֹקְעִים גַּם אַבּוּבִים בַּמֶּרְחָק,
אַחַר כָּךְ גַּם חֲלִילִים חֲרִיפִים, גַּם
תֻּפִּים קְטַנִּים, אֲבָל זְמַן רַב מְאֹד
עֲדַיִן נִשְׁאָרִים הַתֻּפִּים הָעֲמֻקִּים,
שֶׁלֶד הַמַּנְגִּינָה, הֹלֶם לֵב, עַד
שֶׁגַּם הֵם. וְדֹמוּ סֶלָה. אָמֵן סֶלָה.

Sometimes I want to go back
to all that I had, the way you go back
in a museum, at random, not in order of periods,
in the opposite direction, not following the arrow,
to seek the woman you loved.
Where is she? The Egyptian Room,
The Far East, The Moderns, Cave
Paintings, all mixed up, worried guards
call after you: it's against the periods! No entry!
The exit to the left. You won't learn that way
you know you won't. You search, you forget.
As you hear a parading military band
and you remain where you are in the street
hear them disappear. Slowly, slowly, the voices
vanish. First the cymbals, then the big horns fade out
then the oboes sink into the distance
then the sharp flutes and the small drums
but the bass drums remain a long while
the melody's skeleton, heartbeat, until
they too. And be still. Selah.
Amen. Selah.

בְּרֹאשׁ הַשָּׁנָה אַתָּה נוֹתֵן פְּקוּדָה
לְבַעַל־הַתּוֹקֵעַ. תְּקִיעָה, תְּרוּעָה, שְׁבָרִים,
חָרוֹן, חָרוֹן גָּדוֹל, תְּקִיעָה גְדוֹלָה,
אֵשׁ, אֶל כָּל מַטָּרָה שֶׁלִּפְנֵיכֶם, אֵשׁ!
חֲדַל. חֲסַל, שֵׁב. הַיּוֹם הֲרַת־עוֹלָם,
הַיּוֹם יַעֲמִיד לַמִּשְׁפָּט כָּל יְצוּרֵי עוֹלָמִים.
בָּתֵּי כְּנֶסֶת כִּמְצָבִים מְכֻוָּנִים לִירוּשָׁלַיִם,
אֶשְׁנַבֵּי־הַיִּרִי שֶׁל חַלּוֹנוֹתֵיהֶם לַמִּזְרָח הַקָּדוֹשׁ.

On the New Year you give the blower of the ram's horn
orders: long blast, short blast, tremolo.
Wrath. Fierce wrath, long blasts, fire at every target before you, fire!
Cease fire. It's over. Be seated. Today the world's day.
Today all creatures on earth will be judged.
Synagogues are fortresses facing Jerusalem,
their windows slits facing the Holy East.

הַשּׁוֹפָר שָׁכַח אֶת שְׂפָתַי,
הַמִּלִּים שָׁכְחוּ אֶת פִּי,
הַזֵּעָה הִתְאַיְּדָה מֵעוֹרִי,
הַדָּם נִקְרַשׁ וְנָשַׁר
הַיָּד שָׁכְחָה אֶת יָדַי,
הַבְּרָכָה הִתְנַדְּפָה מִשְּׂעַר רֹאשִׁי,
הָרַדְיוֹ עוֹד חַם,
הַמִּטָּה הִתְקָרְרָה לְפָנָיו.
הַתֶּפֶר בֵּין יוֹם וְלַיְלָה
נִפְרַם, אַתָּה עָלוּל לְגְלֹשׁ כָּךְ
מִתּוֹךְ חַיֶּיךָ וּלְהֵעָלֵם בְּלִי שֶׁיַּרְגִּישׁוּ.
לִפְעָמִים אַתָּה זָקוּק לְכַמָּה יָמִים
כְּדֵי לְהִתְגַּבֵּר עַל לַיְלָה אֶחָד וְיָחִיד.
הַהִסְטוֹרְיָה הִיא סָרִיס,
הִיא מְחַפֶּשֶׂת גַּם אֶת שֶׁלִּי
לְסָרֵס, לַחְתֹּךְ בְּדַפֵּי נְיָר
חַדִּים מִכָּל סַכִּין; לִמְעֹךְ
וְלִסְתֹּם אֶת פִּי לָעַד
עִם מַה שֶּׁחָתְכָה,
כְּמוֹ בְּהִתְעַלְּלוּת בְּחַלְלֵי מִלְחָמָה,
שֶׁלֹּא אָשִׁיר אֶלָּא בְּצִיּוּץ עָקָר,
שֶׁאֶלְמַד הַרְבֵּה שָׂפוֹת
וְלֹא שָׂפָה אַחַת שֶׁלִּי,
שֶׁאֶהְיֶה מְפֻזָּר וּמוּפָץ
שֶׁלֹּא אֶהְיֶה כְּמִגְדַּל־בָּבֶל עוֹלֶה הַשָּׁמַיְמָה.

The ram's horn forgot my lips
the words forgot my mouth
the sweat steamed from my skin
the blood congealed and flaked off
the hand forgot my hand
the blessing evaporated from the hair of my head.
The radio is still warm
the bed cooled first.
The seam between day and night
gapes, you might slip through it
out of your life, and disappear without anyone seeing.
Sometimes you need several days
to get over a single night.
History is a castrate
that wants mine too,
wanting to castrate,
to cut off with pages sharper than any knife
to stuff my mouth forever
with what was cut off —
like the mutilated corpses I saw on the battlefield —
so that my song becomes a barren chirp,
so that I will learn many languages
not one my own,
so that I will be scattered and disseminated
so that I will not be a tower of Babel rising toward heaven.

לֹא לְהָבִין הוּא אָשְׁרִי
לִהְיוֹת כְּמַלְאָכִים מְטֻמְטָמִים מִדַּעַת,
סָרִיסִים מַרְגִּיעִים בְּזִמְרָתָם.

הִגִּיעַ הַזְּמַן לַעֲסֹק בְּשַׁעֲשׁוּעִים
טֶכְנִיִּים, בִּמְכוֹנוֹת וּבְאַבְזָרֵיהֶן,
בְּצַעֲצוּעִים מִתְנַיְּעִים, אוֹטוֹמָטִיִּים,
קְפִיצִיִּים, עוֹשִׂים בְּעַצְמָם, בִּשְׁנָתָם,
גַּלְגַּלִּים גּוֹרְמִים וְכַפְתּוֹרִים מַדְלִיקִים,
כָּל הַנָּע וְהַמְקַפֵּץ וְהַמְדַדֶּה וְהַמַּשְׁמִיעַ
צְלִילִים נְעִימִים, עֲבָדִים וּשְׁפָחוֹת,
מַכְשִׁיר וּמַכְשִׁירָה, שִׁדָּה וְשִׁדּוֹת,
סָרִיסִים וּסְרִיסֵי סָרִיסֵיהֶם.
חַיַּי מִתְבַּלִּים בִּשְׁקָרִים כְּבֵדִים
וּכְכָל שֶׁאֲנִי חַי יוֹתֵר, גְּדֵלָה וְהוֹלֶכֶת
בִּי אֱמוּנַת הַזִּיּוּף וְנַעֲשֵׂית
אֲמִתִּית יוֹתֵר. הַפְּרָחִים הַמְּלָאכוּתִיִּים
נִרְאִים יוֹתֵר וְיוֹתֵר כְּטֶבַע
וְהַצּוֹמְחִים נִרְאִים כְּמַעֲשֵׂי בֵּית־מְלָאכָה.

Not to understand is my happiness
to be like stupid ignorant angels
soothing with their castrati songs.
The time has come to be busy
with mechanical toys, machines and their parts,
self-propelled, automatic, sprung,
doing it themselves, in their sleep,
wheels for turning, switches for turning on,
everything that moves and jumps and hops
and emits sweet sound, male and female slaves,
male and female tools, whores and concubines,
castrates and the castrates of castrates.
My life is spiced with heavy lies
and the longer I live the greater grows
my art of forgery and the truer it seems.
Artificial flowers seem more and more
natural, and the growing ones seem hand-made.

מִי לְבַסּוֹף יוּכַל לְהַבְחִין
בֵּין שְׁטָר אֲמִתִּי וּבֵין מְזֻיָּף?
אֲפִלּוּ אֶת סִימָנֵי הַמַּיִם
הַטְּבוּעִים בִּי
אֶפְשָׁר לְזַיֵּף: לִבִּי.
תַּת־הַהַכָּרָה הִתְרַגְּלָה לָאוֹר
כְּמוֹ חַיְדַקִּים שֶׁמִּתְרַגְּלִים
אַחַר זְמַן־מָה לְחֹמֶר־הַהַדְבָּרָה הֶחָדָשׁ.
מַחְתֶּרֶת חֲדָשָׁה מוּקֶמֶת,
נְמוּכִים מִתַּחַת לִנְמוּכִים.

Who in the end can distinguish
the true from the forged bank note?
Even the watermarks
stamped in me can be forged: my heart.
The unconscious has become immune to light
like bacteria to the latest antibiotic.
A new underground arises
below the below.

אַרְבָּעִים וּשְׁתַּיִם שְׁנוֹת אוֹר וְאַרְבָּעִים
וּשְׁתַּיִם שְׁנוֹת לַיְלָה. גַּרְגְּרָן וְזַלְלָן,
זוֹלֵל וְסוֹבֵא כַּקֵּיסָרִים הָרוֹמִיִּים הָאַחֲרוֹנִים
בְּסִפְרֵי הַהִסְטוֹרְיָה הַמְשֻׁמָּשִׁים, שִׁרְבּוּטֵי צִיּוּר מְטֹרָף
וּכְתָב עַל הַקִּיר בְּבָתֵּי־כִּסֵּא,
קוֹרוֹת גְּבוּרָה וְכִבּוּשׁ וּשְׁקִיעָה
וְחַיֵּי שָׁוְא וּמוֹת שָׁוְא.
הֲפִיכוֹת וּמְרִידוֹת וְדִכּוּיֵי מְרִידוֹת
תּוֹךְ כְּדֵי מִשְׁתֶּה. בִּכְתֹנֶת־לַיְלָה שְׁקוּפָה
וּמִתְנוֹסֶסֶת קַמְתְּ לְמֶרֶד נֶגְדִּי, שֵׂעָר
עָף כְּדֶגֶל לְמַעְלָה וְשֵׂעָר סָמוּר לְמַטָּה.
תְּרוּעָה, תְּרוּעָה גְּדוֹלָה. שְׁבָרִים שֶׁל בַּקְבּוּק
וּתְרוּעָה. דִּכּוּי הַמֶּרֶד בִּרְצוּעוֹת חֲגוֹרַת
גַּרְבַּיִם שֶׁל אִשָּׁה, חֶנֶק בְּגַרְבַּיִם שְׁקוּפִים,
סְקִילָה בַּעֲקֵבִים חַדִּים שֶׁל נַעֲלֵי־נֶשֶׁף.
קָרְבּוֹת־קִרְקָס שֶׁל חָמוּשׁ בְּשֶׁבֶר צַוַּאר בַּקְבּוּק
נֶגֶד רֶשֶׁת תַּחְתּוֹנִיּוֹת עֲדִינוֹת, נַעֲלַיִם
נֶגֶד מַלְמָלָה בּוֹגְדָנִית, לָשׁוֹן נֶגֶד קִלְשׁוֹן,
חֲצִי דָג נֶגֶד חֲצִי אִשָּׁה. רְצוּעוֹת וְכַפְתּוֹרִים,
הִסְתַּבְּכוּת חֲזִיּוֹת מְקֻשָּׁטוֹת־נִצָּנִים בְּאַבְזָמִים
וַחֲגוֹר צְבָאִי. תְּרוּעָה וְדִכּוּי תְּרוּעָה.
צַעֲקוֹת כַּדּוּרֶגֶל מִן הַמִּגְרָשׁ הַסָּמוּךְ,
וַאֲנִי הָיִיתִי מֻנָּח עָלַיִךְ, כָּבֵד וְשָׁקֵט
כְּמִשְׁקֹלֶת, כְּדֵי שֶׁהָרוּחַ וְהַזְּמַן לֹא יוּכְלוּ
לְהָעִיף אוֹתָךְ מִכָּאן כַּנְּיָרוֹת וְכַשָּׁעוֹת.

Forty two light years and forty
two night years. Drunkard and glutton
stuffing and feasting like the last Roman Caesars
in the second-hand history books, mad graffiti
and the writing on the wall in toilets,
heroic annals and conquest and decline,
vain life and vain death.
Revolt and rebellion and the suppression of rebellion
while banquetting. In a transparent nightdress
like a banner, you rose in revolt against me, hair
flying like a flag above, and bristling below.
Ram's horn blast, long blast. Crash of a broken bottle
and war cry. Suppression of revolt with the garter belt
of a woman. Suffocation with transparent stockings.
Stoning with the sharp heels of party shoes.
Arena combat between a broken bottleneck
and a net of flimsy petticoats. Shoes
against treacherous gauze, tongue against fork,
half a fish against half a woman. Straps and buttons,
brassieres decorated with buds, tangled with buckles
and army equipment. Fanfare and suppression of fanfare.
Football shouts from the nearby stadium.
And I was lying on you heavy and quiet
like a weight, so that the wind and time couldn't
blow you away like bits of paper and hours.

״אֵיפֹה אַתָּה חָשׁ אֶת נִשְׁמָתְךָ בְּתוֹכְךָ?״
בֵּין פִּי וּבֵין פִּי־הַטַּבַּעַת הִיא נִמְשֶׁכֶת,
חוּט לָבָן, לֹא הֶבֶל שָׁקוּף,
הִיא מְכֻוֶּצֶת בְּאֵיזוֹ פִּנָּה בֵּין שְׁתֵּי עֲצָמוֹת,
בִּכְאֵב.
כְּשֶׁהִיא שְׂבֵעָה הִיא נֶעְלֶמֶת, כְּחָתוּל.
אֲנִי שַׁיָּךְ לְדוֹר אַחֲרוֹן שֶׁל
יוֹדְעֵי גוּף וּנְשָׁמָה בְּנִפְרָד.
״מָה אַתָּה חוֹשֵׁב לַעֲשׂוֹת מָחָר?״
אֵינֶנִּי יָכוֹל לְהִגָּמֵל מֵעַצְמִי. נִגְמַלְתִּי
מֵעִשּׁוּן וּמִשְׁתִּיָּה וּמֵאלֹהֵי אָבִי,
נִגְמַלְתִּי מִכָּל שֶׁעָלוּל לְקָרֵב אֶת קִצִּי.

"Where do you feel your soul?"
Stretched between mouth-hole and ass-hole
a white thread, not transparent mist,
squeezed into a corner between two bones
in pain.
When satiated, vanishing liks a cat.
I belong to the last generation
to separate body and soul.
"What will you do tomorrow?"
I can't wean myself from myself.
I'm weaned from smoking and drinking
and my father's God.
I'm weaned from everything liable to hasten my end.

רֵיחַ זוּג אוֹפַנַּיִם חֲדָשִׁים שֶׁקִּבַּלְתִּי
מַתָּנָה בְּיַלְדוּתִי עוֹד בְּאַפִּי, הַדָּם טֶרֶם
יָבַשׁ וּכְבָר אֲנִי מְבַקֵּשׁ שַׁלְוָה, אֱלֹהִים אֲחֵרִים,
אֱלֹהֵי סֵדֶר, כְּמוֹ בְּלֵיל הַסֵּדֶר: אַרְבַּע
הַקֻּשְׁיוֹת וּתְשׁוּבָתָן הַמּוּכָנָה, שָׂכָר וָעֹנֶשׁ, עֶשֶׂר
הַמַּכּוֹת, אַרְבַּע הָאִמָּהוֹת, בֵּיצָה, זְרוֹעַ, מָרוֹר,
הַכֹּל מְסֻדָּר, חַד גַּדְיָא, הַמָּרָק הַיָּדוּעַ, כֻּפְּתּוֹת־
הַמַּצָּה הַבְּטוּחוֹת, תִּשְׁעָה יַרְחֵי לֵידָה, אַרְבָּעִים
מַכּוֹת עַל הַיָּם. וְהַלֵּב הָרוֹעֵד קְצָת
כְּמוֹ הַדֶּלֶת לְאֵלִיָּהוּ הַנָּבִיא,
לֹא פָּתוּחַ וְלֹא סָגוּר. ״וַיְהִי בַּחֲצִי הַלַּיְלָה״. עַכְשָׁו
הִשְׁכִּיבוּ אֶת הַיְלָדִים לִישֹׁן. בִּשְׁנָתָם
הֵם שׁוֹמְעִים עֲדַיִן אֶת קוֹלוֹת הַלְּעִיסָה
הַטּוֹחֶנֶת: הָעוֹלָם אוֹכֵל אֲכִילָה גְדוֹלָה.

Smell of a new bicycle I was given
when a child still in my nostrils,
blood not yet dried

and I already seek serenity, a different god,
a god of order, like the order of Passover. Four questions
and their ready-made answers, reward
and punishment, ten plagues, four mothers,
hardboiled egg, knuckle-bone, bitter herbs,
all in order, a kid for two farthings,
familiar soup, the certainty of matzoh balls,
nine months of child bearing, forty
blows at sea. And the heart ajar a little
like the door for Elijah the Prophet.
"And it shall come to pass, in the dead of night." Now
the children are put to bed. In their sleep
they still hear the sound of munching jaws:
the world devours a great feast.

קוֹל הַבְּלִיעָה הוּא קוֹל הַהִסְטוֹרְיָה,
שִׁהוּק וְגִהוּק וּגְרִיסַת עֲצָמוֹת הֵם קוֹלוֹת הַהִסְטוֹרְיָה,
תְּנוּעוֹת־מֵעַיִם הֵן תְּנוּעוֹתֶיהָ. הָעִכּוּל. בָּעִכּוּל
הַכֹּל מַתְחִילִים לִהְיוֹת דּוֹמִים זֶה לָזֶה:
אָח וְאָחוֹת, אָדָם וְכַלְבּוֹ, אָדָם טוֹב וְאָדָם רַע,
פֶּרַח וְעָנָן, רוֹעֶה וָכֶבֶשׂ, כֹּלָם כֻּלָּם, מוֹשֵׁל וּמָשׁוּל,
יוֹרְדִים לַדִּמְיוֹן. גַּם חַיֵּי הַנִּסְיוֹנִיִּים יוֹרְדִים.
הַכֹּל יוֹרֵד לַדִּמְיוֹן הַנּוֹרָא. הַכֹּל פְּרִי מֵעַיִם.

The sound of swallowing is the sound of history
belch and hiccup and crunching of bones
these are the sounds of history,
bowel movements — its movement. Digestion.
In digesting, all begin to be alike:
brother and sister, man and dog, saint and sinner,
flower and cloud, shepherd and sheep, all, governor
and governed, all descend into sameness.
My experimental life descends too.
All descends into the terrible sameness. All is fruit
of the intestinal tract.

הִסְתּוֹבְבִי עַכְשָׁו. רְאוּ אֶת הַשֶּׁקַע
הָעוֹבֵר בַּגַּב וּמִתְעַמֵּק בֵּין עַכּוּזִים. מִי
יוּכַל לְהַגִּיד הֵיכָן אֵלֶּה מַתְחִילִים וְהֵיכָן
מִסְתַּיְּמִים הַיְּרֵכַיִם; הִנֵּה הַתְּמוּכוֹת הַנּוֹעֲזִים
שֶׁל אַגַּן הַיְּרֵכַיִם, עַמּוּדִים שֶׁל רַגְלַיִם,
וְקִרְזוּל קִשּׁוּט שֵׂעָר הֶלֶנִיסְטִי
מֵעַל לָעֶרְוָה. הַקֶּשֶׁת הַגּוֹתִית הַשּׁוֹאֶפֶת
אֶל הַלֵּב וּכְמוֹ נֵר אֲדַמְדַּם בִּיזַנְטִי בֵּין
רַגְלֶיהָ. הִתְכּוֹפְפִי לְסִגְנוֹן מַאוּרִי מֻבְהָק,
הַשְׁפָּעָה צַלְבָּנִית נִכֶּרֶת בַּלְּסָתוֹת הַקָּשׁוֹת,
בַּסַּנְטֵר הַבּוֹלֵט. הִיא נוֹגַעַת בִּשְׁתֵּי כַּפּוֹתֶיהָ
בָּאֲדָמָה בְּלִי לְכוֹפֵף בִּרְכֶּיהָ, הִיא נוֹגַעַת
בָּאֲדָמָה שֶׁלֹּא נָשַׁקְתִּי אוֹתָהּ כְּשֶׁהוּבֵאתִי
אֵלֶיהָ בְּיַלְדוּתִי. תְּבַקְּרוּ שׁוּב בָּאָרֶץ,

Turn over now. Look, the crease down the back that
deepens through the buttocks. Who
can say where they begin and where
the thighs end: see the bold supports
of the loins, columns of legs
and Hellenistic curls of hair
above the genitals. The Gothic arch that rises
towards the heart and the reddish Byzantine flame
between the legs. A distinct
Crusader influence in the hard jaws,
protuberant chin. If she stoops she'll be perfect Arabesque.
She can touch the floor with both hands
without bending her knees. She touches the earth
I didn't kiss when I was brought to it, a child.
Visit the country again,

תְּבַקְּרוּ אֶת דִּמְעוֹתַי וְאֶת הָרוּחַ הַמִּזְרָחִית,
שֶׁהִיא הַכֹּתֶל הַמַּעֲרָבִי הָאֲמִתִּי. הִיא עֲשׂוּיָה
אַבְנֵי־רוּחַ גְּדוֹלוֹת וְהַבְּכִי הוּא בְּכִי רוּחַ וְהַנְּיָרוֹת
הַמִּתְעַרְבְּלִים בָּאֲוִיר הֵם פִּתְקֵי הַתְּחִנָּה שֶׁתָּקַעְתִּי בֵּין
הַחֲרִיצִים. תְּבַקְּרוּ בָּאָרֶץ. בְּיוֹם בָּהִיר,
אִם הָרְאוּת הִיא טוֹבָה, אֶפְשָׁר
לִרְאוֹת אֶת הַנֵּס הַגָּדוֹל שֶׁל יְלָדַי
הַמַּחֲזִיק אוֹתִי בִּזְרוֹעוֹתָיו וְהוּא בֶּן אַרְבַּע,
וַאֲנִי בֶּן אַרְבָּעִים וְאַרְבַּע.
וְכָאן גַּן־הַחַיּוֹת שֶׁל הָאֲהוּבָה הַגְּדוֹלָה,
דּוּגְמִים שֶׁל אַהֲבָה. חַיּוֹת שְׂעִירוֹת נוֹשְׁמוֹת
בִּכְלוּבֵי רֶשֶׁת תַּחְתּוֹנִים, נוֹצוֹת וְשֵׂעָר
חוּם, דָּגִים אֲדֻמִּים בְּעֵינַיִם יְרֻקּוֹת,
לְבָבוֹת מְבֻדָּדִים מֵאֲחוֹרֵי סוֹרְגֵי צְלָעוֹת
מְקַפְּצִים כַּקּוֹפִים, דָּגִים שְׂעִירִים וּנְחָשִׁים
בְּצוּרַת יָרֵךְ עֲגֻלָּה וּשְׁמֵנָה.
וְגוּף לוֹהֵט וּמֵאִיר אַדְמוּמִי, מְכֻסֶּה
בִּמְעִיל־גֶּשֶׁם לַח. זֶה מַרְגִּיעַ.

visit my tears and the east wind,
the true Western Wall, made of great stones
of wind. The sobbing of wind and the bits
of paper blown by the wind are the wishes
I stuck between the stones. Visit the country.
On a fine day, if the visibility is good, one can see
the miracle of my child
holding me in his arms, four years old.
And I forty-four.
And here is the zoo of greater love,
acres of love. Hairy animals breathing
in the cages of porous underpants, brown
feathers and fur, red fish with green eyes,
solitary hearts behind the bars of ribs
jumping like monkeys, furry fish and snakes
like round fat thighs.
A blazing body a flame
covered with a damp rain coat. That quiets.

הָאֲדָמָה הַזֹּאת מְדַבֶּרֶת רַק אִם מַכִּים
אוֹתָהּ, אִם בָּרָד וְגֶשֶׁם וּפְצָצוֹת מַכִּים.אוֹתָהּ,
כְּמוֹ אֲתוֹן בִּלְעָם שֶׁדִּבְּרָה רַק לְאַחַר
שֶׁאֲדוֹנֶיהָ הִכָּה אוֹתָהּ בְּעֹז. אֲנִי מְדַבֵּר,
אֲנִי מְדַבֵּר: הִכֵּיתִי, תְּרוּעָה, תְּרוּעָה גְּדוֹלָה.
שֵׁב. הַיּוֹם הֲרַת־עוֹלָם.

This land speaks only if struck.
If hail rain and shells strike her,
like Balaam's ass who spoke
only after her master struck her. I speak,
I speak: I've been hit. Ram's blast, long blast.
Be seated. Today is the day of the world.

אֲנִי רוֹצֶה לְהִתְעָרֵב עִם אִיּוֹב,
אֵיךְ יִתְנַהֲגוּ אֱלֹהִים וְשָׂטָן.
מִי יְקַלֵּל אֶת הָאָדָם בָּרִאשׁוֹנָה.
כְּמוֹ אֹדֶם־שְׁקִיעָה בְּפִיו שֶׁל אִיּוֹב,
הִכּוּ אוֹתוֹ וּמִלָּתוֹ הָאַחֲרוֹנָה
שׁוֹקַעַת בְּאֹדֶם לְתוֹךְ פָּנָיו הָאַחֲרוֹנִים.
כָּךְ עֲזַבְתִּי אוֹתוֹ בַּתַּחֲנָה הָרוֹעֶשֶׁת
בָּרַעַשׁ וּבֵין קוֹלוֹת רַמְקוֹל.
״לְכָל הָרוּחוֹת אִיּוֹב. אָרוּר הַיּוֹם
שֶׁבּוֹ נוֹצַרְתָּ בְּצַלְמִי. עֶרְוַת אִמְּךָ, אִיּוֹב״.
אֱלֹהִים קִלֵּל, אֱלֹהִים בֵּרַךְ. אִיּוֹב נִצַּח.
וַאֲנִי צָרִיךְ לְהִתְאַבֵּד בְּאֶקְדַּח־הַצַּעֲצוּעִים
שֶׁל בְּנִי הַקָּטָן.

I want to make a bet with Job
on how God and Satan will behave:
who will be the first to curse man.
Like sunset red in Job's mouth
he was beaten and his last word
sinks, red, into his last face.
I left him like that, in the crowded station
in the noise and loudspeaker's voices.
"To hell with it, Job. Cursed be the day
you were created in my image. You are
your mother's shame, Job."
God cursed, God blessed. Job won.
And I must kill myself with the toy
pistol of my small son.

ַיַלְדִּי פּוֹרֵחַ עָצוּב

הוּא פּוֹרֵחַ בָּאָבִיב בִּלְעָדַי,
הוּא יִבְשַׁל בְּעַצְבוּת־לֹא־הֱיוֹתִי־עִמּוֹ.
רָאִיתִי חֲתוּלָה מְשַׂחֶקֶת עִם גּוּרֶיהָ,
לֹא אֲלַמֵּד אֶת בְּנִי מִלְחָמָה,
לֹא אֲלַמֵּד אוֹתוֹ בִּכְלָל. לֹא אֶהְיֶה.
הוּא שָׂם חוֹל לְתוֹךְ דְּלִי קָטָן.
הוּא עוֹשֶׂה עֻגָּה.
אֲנִי שָׂם חוֹל לְתוֹךְ גּוּפִי.
הָעֻגָּה מִתְפּוֹרֶרֶת. גּוּפִי.

My child blossoms sadly.
He blossoms in spring without me,
he ripens in the sadness of my not being there.
I saw a cat playing with her kittens,
I shall not teach my son war,
I shall not teach him at all. I shall not be.
He puts sand in a small bucket.
He makes a sand cake.
I put sand in my body.
The cake crumbles. My body.

אָכַלְתִּי וְשָׂבַעְתִּי. עוֹד זֶה בָּא
וְזֶה בָּא, עוֹד זֶה מְדַבֵּר וְזֶה מְדַבֵּר.
יְמֵי־הֻלֶּדֶת בָּאוּ לִי בַּעֲמִידָה,
בְּחִפָּזוֹן. רֶגַע שָׁקֵט עַל קֶרֶשׁ צָף.
יוֹם־הַהֻלֶּדֶת הָאַרְבָּעִים וּשְׁלֹשָׁה. יוֹם־
נִשּׂוּאִין עִם עַצְמְךָ בְּלִי סִכּוּי לְהִתְגָּרֵשׁ.
מִטּוֹת נִפְרָדוֹת שֶׁל חֲלוֹם וְשֶׁל יוֹם,
שֶׁל רְצוֹנְךָ וְשֶׁל אַהֲבָתְךָ.
אֲנִי חַי מִחוּץ לְתוֹרַת אִמִּי וּבַאֲרָצוֹת
שֶׁאֵינָן מוּסַר אָבִי. אֶת קִירוֹת בֵּיתִי
בָּנוּ בַּנָּאִים וְלֹא נְבִיאִים, וְעַל כַּרְכֹּב
הַשַּׁעַר גִּלִּיתִי אֶת שְׁנַת הֻלַּדְתִּי חֲקוּקָה.
(״לְמָה הִגִּיעַ הַבַּיִת וּלְמָה אֲנִי הִגַּעְתִּי!״)
בִּשְׁעוֹת אַחַר־הַצָּהֳרַיִם אֲנִי עוֹרֵךְ טִיּוּל שָׁקֵט
בֵּין הַפְּצָעִים הָאֶקְסְטֶרִיטוֹרְיָאלִיִּים שֶׁל
חַיַּי: חַלּוֹן מוּאָר שֶׁמֵּאֲחוֹרָיו אַתְּ אוּלַי מִתְפַּשֶּׁטֶת
עַכְשָׁו. רְחוֹב שֶׁבּוֹ הָיִינוּ. דֶּלֶת שְׁחוֹרָה
שֶׁשָּׁם. גַּן שֶׁלְּיָדוֹ. שַׁעַר שֶׁדַּרְכּוֹ. שִׂמְלָה
כְּשִׂמְלָתֵךְ עַל גּוּף לֹא כְּגוּפֵךְ. פֶּה שֶׁשָּׁר כְּמוֹ,
מִלָּה שֶׁהִיא כִּמְעַט. כָּל אֵלֶּה פִּצְעֵי־חוּץ בְּגַן־
פְּצָעִים גָּדוֹל.

I ate and was full.
Birthdays caught me standing up
in haste. A moment's quiet on a floating log.
Forty-third birthday. Wedding day
with yourself, with no prospect of divorce.
Separate beds for dream and day,
for your desire and your love.
I live beyond my mother's law and in countries
not my father's faith. Stone masons,
not prophets, built the walls of my house. And on
the gate I found my birth-date carved.
(What became of the house, and what became of me!)
Afternoons I take a quiet stroll
among my extra-territorial wounds:
a lighted window behind which perhaps
you are undressing now,
a street where we were, a black door,
a garden beside it, a gate
through which, a dress like yours,
on a body not like yours, a mouth singing like yours,
a word that is nearly. These are all alien wounds
in a large garden of wounds.

אֲנִי לוֹבֵשׁ בְּגָדִים צִבְעוֹנִיִּים,
אֲנִי צִפּוֹר זָכָר צִבְעוֹנִי.
מְאֻחָר מִדַּי גִּלִּיתִי שֶׁכָּךְ סֵדֶר־הַטֶּבַע.
הַזָּכָר מִתְקַשֵּׁט. חֻלְצָה אֲדַמְדַּמָּה, מְעִיל
יָרֹק. אַל תִּרְאֶה אוֹתִי בְּכָךְ, בְּנִי!
אַל תִּצְחַק. אֵינְךָ רוֹאֶה אוֹתִי. אֲנִי חֵלֶק
מִן הַחוֹמָה. צַוָּארוֹן חֻלְצָתִי מַשְׁחִיר.
מִתַּחַת לְעֵינַי צֵל שָׁחוֹר. שְׁחוֹרָה שְׁאֵרִית
הַקָּפֶה וְשָׁחוֹר הָאֵבֶל שֶׁבְּצִפָּרְנַי. אַל תִּרְאֵנִי
בְּכָךְ, בְּנִי. בְּיָדַיִם, שֶׁבָּהֶן רֵיחַ טַבַּק
וּבֹשֶׂם זָר, אֲנִי לָשׁ אֶת חֲלוֹמוֹתֶיךָ
בֶּעָתִיד, אֲנִי מֵכִין אֶת הַתַּת־הַכָּרָה שֶׁבְּךָ.
הַזִּכָּרוֹן הָרִאשׁוֹן שֶׁל יַלְדִּי הוּא הַיּוֹם
שֶׁבּוֹ עֲזַבְתִּי אֶת בֵּיתוֹ, בֵּיתִי. זִכְרוֹנוֹתָיו
קָשִׁים כְּיַהֲלֹמִים בְּתוֹךְ שָׁעוֹן שֶׁלֹּא עָמַד
מֵאָז. כְּשֶׁתִּשְׁאַל אוֹתוֹ הָאִשָּׁה בְּלֵיל אַהֲבָה
רִאשׁוֹן, כְּשֶׁיִּשְׁכְּבוּ עֵרִים עַל גַּבָּם, הוּא
יַגִּיד לָהּ: ״כְּשֶׁאָבִי הָלַךְ בַּפַּעַם הָרִאשׁוֹנָה״.

I wear colorful clothes,
I am a colorful male bird.
Too late I discovered that this is the order of nature.
The male dresses up. Red shirt, green coat.
Don't look at me that way, my son!
Don't laugh. You don't see me. I'm a part
of the wall. The collar of my shirt blackens. Under my eyes
there's a black shadow. The remains of coffee
are black and black the sadness under my nails.
Don't look at me like that, my son. With my hands,
smelling of tobacco and strange perfume, I knead
your future dreams. I prepare your subconscious.
The first memory of my child is the day
I left his house, my house. His memories
are as hard as gems in a clock which hasn't stopped
since. When the woman asks him, — that first
night of love, when they lie awake on their backs,
he will say to her: "When my father left the first time."

וְזֵכֶר יַלְדוּתִי לִבְרָכָה. מִלֵּאתִי אֶת מִכְסָתִי
בְּמַרְדָּנוּת, יָצָאתִי יְדֵי חוֹבַת מְרִי בֵּן סוֹרֵר,
עָשִׂיתִי אֶת שֶׁלִּי בְּמִלְחֶמֶת הַדּוֹרוֹת וּבַפְּרָאוּת
שֶׁל גִּיל הַהִתְבַּגְּרוּת. נִשְׁאַר לִי אֵיפוֹא מְעַט
זְמַן לִהְיוֹת בִּמְנוּחָה וּבִשְׂבִיעָה. זֶה
כָּל הָאָדָם, וְזֵכֶר יַלְדוּתִי לִבְרָכָה.
נְדוּדֵי שְׁנָתִי הָפְכוּ אוֹתִי לְשׁוֹמֵר־לַיְלָה
בְּלִי תַּפְקִיד מֻגְדָּר עַל מַה לִּשְׁמֹר,
״הַיּוֹם יוֹם הֻלֶּדֶת, הַיּוֹם יוֹם הֻלֶּדֶת״, בִּינָה
וּגְבוּרָה, חָכְמָה וְשֵׂיבָה, דֵּעָה וָמָוֶת
בָּאוּ לִי בְּבַת אֶחָת. זֵכֶר יַלְדוּתִי. לִבְרָכָה.

Blessed is the memory of my childhood. I had my ration
of rebellion, I did my duty as a prodigal son,
I paid my debt to the generation gap
and wildness of adolescence. Therefore I haven't
much time for ease and satiaty. Such is
man, and blessed the memory of my childhood.
Sleeplessness made me a night watchman
without instruction on what to guard.
"Happy birthday to you, happy birthday to you."
Understanding and age, wisdom and white hair, knowledge
and death came over me all at once. Memory of childhood. Blessed.

שַׁבְתִּי הַבַּיְתָה, צַיַּד ג'וּנְגֶל שֶׁל רְגָשׁוֹת.
עַל הַקִּירוֹת קַרְנַיִם וּכְנָפַיִם וְרָאשִׁים,
רְגָשׁוֹת מְפֻחְלָצִים בְּכָל מָקוֹם עַל הַקִּיר.
אֲנִי יוֹשֵׁב וּמִסְתַּכֵּל בָּהֶם בְּשַׁלְוָה, אַל
תִּרְאֵנִי בְּכָךְ, בְּנִי. אֲפִלּוּ צְחוֹקִי מַרְאֶה
שֶׁשּׁוּב לֹא אֵדַע לִצְחוֹק, וְהָרְאִי יוֹדֵעַ
מִזְּמַן שֶׁאֲנִי בָּבוּאָתוֹ,
אַל תִּרְאֵנִי בְּכָךְ, בְּנִי, עֵינֶיךָ אֲפֵלוֹת מֵעֵינַי,
אוּלַי אַתָּה כְּבָר עַכְשָׁו עָצוּב מִמֶּנִּי.
גּוּפִי הַכָּבֵד מְנַעְנֵעַ אֶת לְבוֹתָיו כְּכַף יַד שַׂחְקָן
הַמְנַעְנֵעַ אֶת הַקֻּבִּיּוֹת בְּטֶרֶם יַטִּיל אוֹתָן עַל הַשֻּׁלְחָן.
זוֹהִי תְּנוּעַת גּוּפִי, זֶה מִשְׂחָקוֹ, וְזֶה גּוֹרָלִי.

I came home a big-game hunter of feelings.
Antlers, wings, heads on the walls,
stuffed feelings everywhere on the walls.
I sit and look at them peacefully. Do not
watch me at it, my son. Even my laughter
shows that I no longer know how to laugh,
and the mirror has known a long time
that I am its reflection.
Don't watch me, my son, your eyes are darker than mine,
perhaps you are already sadder than I am.
My heavy body shakes its hearts like the hand
of a gambler before he throws the dice
on the table. That is the movement
of my body, that is its game, and my fate.

בְּיַאלִיק, אַבִּיר קֶרַח בֵּין עֲצֵי זַיִת,
לֹא כָּתַב שִׁירִים בְּאֶרֶץ יִשְׂרָאֵל, כִּי נָשַׁק
לָאֲדָמָה וְגֵרֵשׁ זְבוּבִים וְיַתּוּשִׁים בְּיָדָיו
הַכּוֹתְבוֹת וּמָחָה זֵעָה מִמּוֹחוֹ הַמְפַיֵּט
וּבַשָּׁרָב שָׂם עַל רֹאשׁוֹ מִטְפַּחַת מִן הַגּוֹלָה.

Bialik,[2] bald knight among olive trees,
wrote no poems in the land of Israel, for he kissed
the earth and chased away flies and mosquitoes
with his writing hand,
and wiped sweat
from his versifying brain and in the khamsin[3]
placed on his forehead a handkerchief from the Diaspora.

רִיצַ׳רְד, לֵב הָאֲרִי שֶׁלוֹ מֵצִיץ וּמוֹשִׁיט לָשׁוֹן
אֲרֻכָּה בֵּין צַלְעוֹתָיו. גַּם אוֹתוֹ הֵבִיאוּ
בַּקַּרְקָס הַנּוֹדֵד לְאֶרֶץ הַקֹּדֶשׁ . הוּא לֵב
אֲרִי וַאֲנִי לֵב חֲמוֹר בּוֹעֵט.
כֻּלָּם בְּסַלְטוֹ מוֹרְטָלֶה, מְקֻיוֹנִים צְבוּעִים
וּמְרוּחִים בְּדָם לָבָן, נוֹצוֹת וְשִׁרְיוֹן, בּוֹלְעֵי
חֲרָבוֹת וּצְלָבִים מְשֻׁחְזָּזִים, לוּלְיָנֵי
פַּעֲמוֹנִים. צַלַאח אֶ־דִּין, צַלַּחַת הַדִּין
הַמְקַשְׁקֶשֶׁת רֵיקָה, בּוֹלְעֵי אֵשׁ וּמְטִילֵי
מֵי־טְבִילָה, רַקְדָנִיּוֹת שֶׁלָּהֶן אֶבְרֵי־מִין שֶׁל גֶּבֶר.
מְלוֹן הַמֶּלֶךְ דָּוִד עָף בָּאֲוִיר,
חָלָב בִּקְּשׁוּ יוֹשְׁבָיו, דִּינָמִיט נָתְנוּ בְּכַדִּים:
לַהֲרֹס, לַהֲרֹס, דָּם וָאֵשׁ בְּדוּכָנֵי מַמְתַּקִּים,
אֶפְשָׁר לְקַבֵּל גַּם דָּם טָרִי וּמַקְצִיף מִמַּסְחֵטוֹת
הַמִּיץ שֶׁל הַגְּבוּרָה, חַלְלֵי מִלְחָמָה מְעֻוָּתִים
וְנִקְשֵׁי אֲבָרִים כִּכְעָכִים מֻשְׁחָלִים עַל חוּט.

The lion heart of Richard peers forth and
sticks out its long tongue between his ribs.
He came too with the travelling circus
to the Holy Land. He was the Lion Heart
and I am a kicking ass heart.
All in the *salto mortale*, colored clowns
smeared with white blood, feathers and armor,
swallowing swords and sharpened crosses,
acrobats with cap and bells. Saladin,
din of salad, empty clatter, swallowing
fire and spewing baptismal water.
Female dancers with male genitals.
The King David Hotel flies through the air,
its guests ask for milk, get a bottle of dynamite.
To destroy, to destroy. Blood and fire at the sweetmeat stalls,
you can get fresh frothing blood
from the juice-squeezer of glory,
war casualties, twisted and rigid like bagels
threaded on a string.

יְהוּדָה הַלֵּוִי כָּרוּךְ בִּסְפָרָיו, תָּפוּשׂ בְּקוּרֵי
גַּעְגּוּעָיו שֶׁבְּעַצְמוֹ הִפְרִישׁ. הֶחֱזִיקוּ אוֹתוֹ
מַשְׁכּוֹן מְשׁוֹרֵר מֵת בְּאַלֶכְּסַנְדְּרִיָּה. אֵינֶנִּי זוֹכֵר
אֶת מוֹתוֹ כְּשֵׁם שֶׁאֵינֶנִּי זוֹכֵר אֶת מוֹתִי,
אֲבָל אֶת אַלֶכְּסַנְדְּרִיָּה אֲנִי זוֹכֵר: רְחוֹב הָאֲחָיוֹת
שִׁשִּׁים וָשֵׁשׁ. גֹּרֶל שְׁמוּאֵל הַנָּגִיד עַל סוּסוֹ
הַשָּׂרוּף וְהַשָּׁחוֹר כְּגִזְעֵי זֵיתִים שְׂרוּפִים,
רוֹכֵב מִסָּבִיב לְכְנֵסִיַּת הַחַבַּשִׁים הָעֲגֻלָּה,
כָּךְ הוּא תֵּאֵר לְעַצְמוֹ אֶת בֵּית הַמִּקְדָּשׁ.
נַפּוֹלֵיוֹן, יָדוֹ עַל לִבּוֹ, מַשְׁוֶה קֶצֶב פְּעִימוֹת
לִבּוֹ לְקֶצֶב תּוֹתָחָיו.
וְתַחְתּוֹנֵי אִשָּׁה קְטַנִּים וּמְשֻׁלָּשִׁים עַל חֶבֶל עַל
גַּג בִּירוּשָׁלַיִם – מְאוֹתְתִים לַסַּפָּן הַוָּתִיק
וְהֶעָיֵף מִטּוּדֵילָה, בִּנְיָמִין הָאַחֲרוֹן

Yehuda Halevi[4] is bound in his books, caught
in the webs of the longing he exuded. He was kept
as a pledge, a dead poet, in Alexandria.
I don't remember his death, as I do not remember my own.
But I remember Alexandria: Number 66, Sisters Street
General Schmuel Hanagid on his horse
burnt black like burnt olive trunks
riding round the round Abyssinian Church,
he imagined the Temple thus.
Napoleon, with his hand on his heart, equates the rhythm of
    his heartbeats
with the rhythm of his cannon.
A woman's small triangular panties on a line
on a roof in Jerusalem — signal to an old sailor,
tired, from Tudela, a latter-day Benjamin.[5]

גַּרְתִּי חֳדָשִׁים בְּאַבּוּ תּוֹר בְּתוֹךְ הַשֶּׁקֶט,
גַּרְתִּי שְׁבוּעַיִם בְּגֵיא בֶּן הִנֹּם,
בְּבַיִת שֶׁהָרְסוּ אוֹתוֹ אַחֲרַי וּבְבַיִת אַחֵר,
שֶׁהֵקִימוּ עָלָיו קוֹמָה נוֹסֶפֶת, וּבְבַיִת
שֶׁתָּמְכוּ בְּקִירוֹתָיו הַמָּטִים, כְּפִי שֶׁמֵּעוֹלָם
לֹא תָּמְכוּ בִּי. מוֹתַר הַבַּיִת מִן הָאָדָם.
שֵׁב שִׁבְעָה עַכְשָׁו, הִתְרַגֵּל לִישִׁיבָה נְמוּכָה
שֶׁמִּמֶּנָּה כָּל הַחַיִּים יֵרָאוּ לְךָ כְּמִגְדָּלִים.
הֶסְפֵּד מִתְפַּזֵּר בְּעִיר אֲרוּרַת הָרוּחוֹת, יְרוּשָׁלַיִם
הָעַתִּיקָה רוֹעֶשֶׁת בְּדִמְמַת זָהָב רָע. כִּשּׁוּפֵי
כִּסּוּפִים. אֲוִיר הָעֲמָקִים מְצַלֵּף בְּעַנְפֵי
זַיִת לְמִלְחָמוֹת חֲדָשׁוֹת, זֵיתִים שְׁחוֹרִים
וְקָשִׁים כְּמוֹ בְּמַגְלֵב, אֵין תִּקְוָה בֵּין
עֵינַי, אֵין תִּקְוָה בֵּין רַגְלַי בְּמַכְפֵּלַת
הַכִּפּוֹת שֶׁל תַּאֲוָתִי. גַּם פָּרָשַׁת בַּר מִצְוָתִי
הָיְתָה כְּפוּלָה, תַּזְרִיעַ־מְצֹרָע, וּמְסַפֶּרֶת
עַל מַחֲלוֹת עוֹר מַבְרִיקוֹת בִּצְבָעִים נִפְצָעִים,

I lived for two months in quiet Abu Tor.
I lived two weeks in the Valley of Gehenna
in a house destroyed after I left and in another house,
to which was added a floor, and in a house
whose sagging walls needed support. No one ever
supported me like that. A house has the advantage over a man.
Be seated in mourning now, get used to a low seat
from which all the living look like towers.
Eulogies for the dead scatter in the wind-cursed city.
Old Jerusalem murmurs in an evil golden silence a spell
of longing. The air of the valleys is whipped by olive branches
to new wars, olives black and
hard as a whip. There is no hope between
my eyes, no hope between my legs in the double
domes of my lusts. My Bar Mitzvah chapter
was double too: delivery — leprosy, telling
of skin diseases, vivid with sore colors,

בְּאֹדֶם גּוֹסֵס וּבְצְהֹב גָּפְרִית־סְדֹם שֶׁל מְגִלָּה.
מִלְמוּלֵי חִשּׁוּבֵי קֵץ, גִּימַטְרִיּוֹת שֶׁל עִנּוּיִים,
נוֹטְרִיקוֹן עָקָר שֶׁל אֲבַדּוֹן, מִשְׂחַק שַׁחְמַט
שֶׁל עֶשְׂרִים וְאַרְבַּע מִשְׁבְּצוֹת תַּאֲוָה
וְעֶשְׂרִים וְאַרְבַּע מִשְׁבְּצוֹת מִאוּס.
וְגַם יְרוּשָׁלַיִם כְּיוֹרָה רוֹתַחַת בִּכְבֵדוּת, דַּיְסָה
בִּצְקִית, וְכָל הַבִּנְיָנִים בָּהּ – בּוּעוֹת בּוֹלְמוֹת,
בָּבוֹת עֵינַיִם נִדְחָקוֹת מִתּוֹךְ חוֹרֵיהֶן,
צוּרַת כִּפָּה, צוּרַת מִגְדָּל, צוּרַת גַּג שָׁטוּחַ אוֹ מְשֻׁפָּע,
הַכֹּל בּוּעוֹת לִפְנֵי הַהִתְפַּקְּעוּת. וֵאלֹהִים
נוֹטֵל אֶת הַנָּבִיא הַקָּרוֹב אֵלָיו בְּאוֹתוֹ רֶגַע,
וּכְמוֹ בְּכַף־מְבַשְּׁלִים הוּא בּוֹחֵשׁ בָּהּ וּבוֹחֵשׁ בָּהּ.

deathly red and sulphurous Sodom yellow of pus.
Muttered calculations of apocalypse, numerology of torture,
barren acrostics of ruin, a game of chess:
twenty-four squares of lust
twenty-four squares of disgust
and Jerusalem a seething pot
of thick gruel, all her buildings raised bubbles,
eye-balls pressed from their sockets;
domes, towers, flat or sloping roofs —
all blisters before bursting. And God
takes the prophet nearest at the moment
and, as with a cook's spoon, stirs and stirs.

אֲנִי יוֹשֵׁב עַכְשָׁו כָּאן עִם הָעֵינַיִם שֶׁל אָבִי
וְעִם הַשֵּׂעָר הַמַּאֲפִיר שֶׁל אִמִּי עַל רֹאשִׁי, בְּבַיִת
שֶׁהָיָה שֶׁל עֲרָבִי שֶׁקָּנָה אוֹתוֹ
מֵאַנְגְּלִי שֶׁלָּקַח אוֹתוֹ מִגֶּרְמָנִי,
שֶׁחָצַב אוֹתוֹ מִסַּלְעֵי יְרוּשָׁלַיִם שֶׁהִיא עִירִי;
אֲנִי מַבִּיט אֶל עוֹלָמוֹ שֶׁל אֱלֹהִים שֶׁל אֲחֵרִים
שֶׁקִּבְּלוּ אוֹתוֹ מֵאֲחֵרִים. צֵרַפְתִּי
מִדְּבָרִים רַבִּים, נֶאֱגַרְתִּי בִּזְמַנִּים שׁוֹנִים,
הֻרְכַּבְתִּי מֵחֶלְקֵי־חִלּוּף, מֵחֳמָרִים
מִתְבַּלִּים, מִמִּלִּים מִתְכַּלּוֹת. וּכְבָר עַכְשָׁו,
בְּאֶמְצַע חַיַּי, אֲנִי מַתְחִיל לְהַחֲזִיר אוֹתָם לְאַט, לְאַט,
כִּי אֲנִי רוֹצֶה לִהְיוֹת אָדָם טוֹב וּמְסֻדָּר
בַּגְּבוּל, כְּשֶׁיִּשְׁאֲלוּ אוֹתִי: ״יֵשׁ לְךָ עַל מָה לְהַצְהִיר?״

I am sitting here now with my father's eyes,
and with my mother's greying hair on my head,
in a house that belonged to an Arab
who bought it from an Englishman
who took it from a German
who hewed it from the stones
of Jerusalem, my city:
I look upon God's world of others
who received it from others. ·
I am composed of many things
I have been collected many times
I am constructed of spare parts
of decomposing materials
of disintegrating words. And already
in the middle of my life, I begin,
gradually, to return them,
for I wish to be a decent and orderly person
when I'm asked at the border, "Have you anything to declare?"

כְּדֵי שֶׁלֹּא יִהְיֶה לַחַץ גָּדוֹל מִדַּי בַּסּוֹף,
שֶׁלֹּא אַגִּיעַ מֵזִיעַ וּקְצַר־נְשִׁימָה וּמְבֻלְבָּל.
שֶׁלֹּא יִשָּׁאֵר לִי עַל מַה לְהַצְהִיר.
הַכּוֹכָבִים הָאֲדֻמִּים הֵם לִבִּי, שְׁבִיל הֶחָלָב
הָרָחוֹק הוּא הַדָּם שֶׁבּוֹ, שֶׁבִּי. הַשָּׁרָב
הֶחָם הוּא בְּתוֹךְ רֵיאוֹת גְּדוֹלוֹת,
חַיֵּי הֵם בְּקִרְבַת לֵב גָּדוֹל, תָּמִיד בִּפְנִים.

so that there won't be too much pressure at the end
so that I won't arrive sweating and breathless and confused
so that I won't have anything left to declare.
The red stars are my heart, the Milky Way
its blood, my blood. The hot khamsin
breathes in huge lungs, my life
pulses close to a huge heart, always within.

אֲנִי יוֹשֵׁב בַּמּוֹשָׁבָה הַגֶּרְמָנִית, הִיא
עֵמֶק רְפָאִים, בַּחוּץ קוֹרְאִים זֶה לָזֶה,
אֵם לִילָדֶיהָ, יֶלֶד לְיֶלֶד, אָדָם
לֵאלֹהִים: הַבַּיְתָה! בּוֹא, בּוֹא! "וְהוּא רַחוּם",
הַבַּיְתָה, אֱלֹהִים, הֵאָסֵף אֶל עַמֶּךָ בִּירוּשָׁלַיִם
כְּדֵי שֶׁנֵּאָסֵף אֵלֶיךָ, בְּמָוֶת הֲדָדִי
וּבִתְפִלּוֹת הֲדָדִיּוֹת, בִּסְדִינִים מוּנָפִים וּבְכָרִים מְחֻלָּקִים
וּבְכִבּוּי מְנוֹרַת הַמִּטָּה וְנֵר הַתָּמִיד,
בִּסְגִירַת סֵפֶר וּסְגִירַת עֵינַיִם וּבִפְנִיָּה
מְכֻרְבֶּלֶת אֶל הַקִּיר. כָּאן בָּעֵמֶק, בַּבַּיִת
שֶׁמֵּעַל פִּתְחוֹ חֲקוּקָה שְׁנַת לֵידָתִי עִם
הַפָּסוּק בְּגֶרְמָנִית: "פְּתַח עִם אֱלֹהִים
וְסַיֵּם עִם אֱלֹהִים. זֶהוּ כָּל מַהֲלַךְ הַחַיִּים".
אַרְיֵה־אֶבֶן רוֹבֵץ וְשׁוֹמֵר עַל הַמִּלִּים
וְעַל הַמִּסְפָּר בֶּן אַרְבַּע הַסְּפָרוֹת.
בְּצַד הַשַּׁעַר הַמְּזוּזָה, הֶחָלִיל שֶׁל אֱלֹהֵי יַלְדוּתִי,
וּשְׁנֵי עַמּוּדִים, זֵכֶר לְמִקְדָּשׁ שֶׁלֹּא הָיָה,
הַוִּילוֹן נָע כַּוִּילוֹן בַּמָּלוֹן בְּרוֹמָא

I live in the German Colony,
the Valley of Ghosts.[6] Outside they call to each other,
a mother to her children, children to
each other, a man to God: come home!
Come, come! "and merciful."
Come home God, be gathered to your people in Jerusalem
so that we can be gathered to you, in a mutual death
and with mutual prayers, with aired sheets and smooth pillows,
a putting out of reading lights and eternal lights,
the closing of books and the closing of eyes, and turning
crouched, to the wall.
Here in the valley, in the house upon whose gate
my birthdate is carved, with a verse in German:
"Open with God and close with God — That is the way
of life," a stone lion crouches, guards
the words and the date — four numerals.
On the gatepost a mezuzah, the flute
of my childhood's God, and two columns
in memory of the temple that never was.
The curtain stirs like the curtain in the hotel in Rome

בַּבֹּקֶר הָרִאשׁוֹן הַהוּא, נָע וּמוּסָט הַצִּדָּה,
גִּלָּה לִי אֶת עֶרְוַת הָעִיר הַהִיא,
אֶת הַגַּגּוֹת וְהַשָּׁמַיִם, וַאֲנִי הִתְגָּרֵיתִי לָבוֹא
אֵלֶיהָ. אָנָּא, עַכְשָׁו, אָנָּא. אֲהוּבָתִי, שְׂעָרֵךְ
מְחֻלָּק בְּאֶמְצַע, אַתְּ הוֹלֶכֶת זְקוּפָה, פָּנַיִךְ
הַחֲזָקִים נוֹשְׂאִים מַשָּׂא כָּבֵד; כָּבֵד מִן
הַכַּד עַל רָאשֵׁי עַרְבִיּוֹת לְיַד הַבְּאֵר, וְעֵינַיִךְ
פְּקוּחוֹת כְּמוֹ מִלֹּא־מַשָּׂא. וּבַחוּץ
מְיַלְּלוֹת מְכוֹנִיּוֹת. מְנוֹעִים מְסַגְּלִים
לְעַצְמָם קוֹל בְּנֵי אָדָם בַּצַּר לָהֶם,
בַּמּוּעָקָה, בְּחֹסֶר דֶּלֶק, בַּחֹם הַגָּדוֹל וּבַקֹּר,
בַּזִּקְנָה וּבַבְּדִידוּת, וְהֵם מְיַלְּלִים וּבוֹכִים.

that first morning, stirs, and is pushed aside
revealing the nakedness of the city
roofs and sky, and I was moved
to come to her. Please, now, please my love. Your hair
is parted in the middle, your back straight as you walk,
your strong face carries a heavy weight. Heavier
than the jar on the heads of the Arab women at the well,
and your eyes wide open, full to the brim. Outside
cars wail. Machines get the voices of human beings
when the going is rough, when in pain, when there's no fuel,
in the great heat and cold of morning, in old age and loneliness,
and they wail and cry.

יוֹסֵפוּס פְלַבְיוּס בֶּן מֵתִים, כָּמוֹנִי,
בֶּן מַתִּתְיָהוּ וְתֵּר עַל מִבְצָרָיו בַּגָּלִיל
וְהֵטִיל אֶת חַרְבּוֹ עַל הַשֻּׁלְחָן לְפָנַי:
קֶרֶן־אוֹר שֶׁחָדְרָה מִחוּץ. הוּא
רָאָה אֶת שְׁמֵי חָרוּת בַּדֶּלֶת כְּעַל מַצֵּבָה,
חָשַׁב גַּם אֶת בֵּיתִי לְקֶבֶר. בֶּן מֵתִים,
בֶּן עֲפָרִים, בֶּן הַפַּנָּס הַדּוֹלֵק בָּעֶרֶב
בַּחוּץ. הָאֲנָשִׁים לִפְנֵי הַחַלּוֹן הֵם לִגְיוֹנוֹת
שֶׁל טִיטוּס; הֵם מִסְתָּעֲרִים עַל יְרוּשָׁלַיִם
בְּמוֹצָאֵי שַׁבָּת זוֹ, עַל בָּתֵּי הַקָּפֶה וְעַל
בָּתֵּי הַקּוֹלְנוֹעַ, עַל אוֹרוֹת וְעַל עֻגּוֹת
וְעַל יַרְכֵי נָשִׁים: כְּנִיעָה שֶׁל אַהֲבָה,
תְּחִנָּה שֶׁל אַהֲבָה. רַחַשׁ הָאִילָנוֹת

Joseph Flavius,[7] son of Matityahu, son of the dead like me,
the son of Matityahu gave up his citadels in Galilee
and threw his sword on the table in front of me
a ray of light from outside. He saw
my name carved on the gate as on a tombstone,
thought my house too was a grave. Son of
the dead, of ashes, son of the lit lamp outside in the evening.
The people outside the window are the legions
of Titus: they are storming Jerusalem
this Sabbath night, the cafés and the cinemas,
the lights and the cakes and the women's thighs:
the surrender of love, the pleading of love.
The rustle of trees

בַּגַּן מְבַשֵּׂר שִׁנּוּי בְּמַעֲשַׂי, אַךְ לֹא
בַּחֲלוֹמוֹתַי. בִּגְדֵי הַפְּנִימִיִּים לֹא יֻחְלְפוּ
וּכְתֹבֶת הַקַּעֲקַע מִיַּלְדוּתִי הוֹלֶכֶת וְשׁוֹקַעַת
פְּנִימָה.
לֵךְ לְךָ, מְפַקֵּד עַלִּיז וְהִסְטוֹרְיוֹן עָצוּב,
נוּמָה בֵּין דַּפֵּי סְפָרֶיךָ, כִּפְרָחִים מְיֻבָּשִׁים
וּלְחוּצִים תִּישַׁן בָּהֶם. לֵךְ לְךָ, גַּם יַלְדִּי
הוּא יְתוֹם־מִלְחָמָה שֶׁל שָׁלֹשׁ מִלְחָמוֹת
שֶׁבָּהֶן לֹא נֶהֱרַגְתִּי וְשֶׁבָּהֶן עֲדַיִן
לֹא נוֹלַד, אַךְ הוּא יְתוֹם מִלְחָמָה מִכֻּלָּן.
לֵךְ לְךָ, שַׂר הַגָּלִיל הַלָּבָן. גַּם אֲנִי
נִכְנָס וְיוֹצֵא תָּמִיד כְּמוֹ לְתוֹךְ דִּירוֹת חֲדָשׁוֹת,
דֶּרֶךְ סְבָכוֹת בַּרְזֶל שֶׁהֵן שֶׁל זִכָּרוֹן.
אַתָּה צָרִיךְ לִהְיוֹת צֵל אוֹ מַיִם
כְּדֵי לַעֲבֹר דֶּרֶךְ כָּל אֵלֶּה בְּלִי לְהִשָּׁבֵר,
אַתָּה נֶאֱסָף שׁוּב אַחַר כָּךְ. כְּרִיתַת שָׁלוֹם
עִם עַצְמְךָ, חוֹזֶה, תְּנָאִים, הַכֹּל כְּמוֹ
בְּמִלְחָמָה אֲמִתִּית. דִּיּוּנִים מְמֻשָּׁכִים
וְדִיּוּנוֹת מִתְמַשְּׁכוֹת, רַחַשׁ עֵצִים
מֵעַל לַחֲלָלִים רַבִּים, כְּמוֹ בְּמִלְחָמָה
אֲמִתִּית. אִשָּׁה אַחַת אָמְרָה לִי פַּעַם:
"כָּל אֶחָד הוֹלֵךְ לְהַלְוָיַת עַצְמוֹ". לֹא
הֵבַנְתִּי אָז. אֵינֶנִּי מֵבִין גַּם עַכְשָׁו, אַךְ אֲנִי הוֹלֵךְ.
הַמָּוֶת הוּא רַק פָּקִיד גָּדוֹל הַמְסַדֵּר
אֶת חַיֵּינוּ לְפִי עִנְיָנִים וּמְקוֹמוֹת
בְּכַרְטִיסִיּוֹת וּבְגַנְזַכִּים. הָעֵמֶק

in the garden announces a change in my life
but not in my dreams. My inner garments
are unchanged, and the tattoo of my childhood
sinks deeper inward.
Go, happy commander, sad historian,
sleep between the pages of your book, like dried flowers,
pressed. Sleep there. Go.
My child still unborn is also a war orphan
of three wars in which I was not killed,
but he is a war orphan of all of them.
Go, pale commander of Galilee. I too
am always coming and going, as if into new apartments
through the barbed wire entanglements of memory.
You must be a shadow of water
to pass all those without breaking.
You're gathered again afterwards: a peace treaty
with yourself, a contract, conditions, like a real war.
A woman said to me once:
"Everyone goes to his own funeral." I didn't understand then.
I don't understand now, but
I go. Death is a senior clerk who arranges
our lives according to subject entries
in files and archives. This valley

הַזֶּה הוּא קְרִיעָה שֶׁאֱלֹהִים קָרַע לְאֲבֶל־
מֵתִים, וְלֹא נוֹתַר לַמְּשׁוֹרֵר וּלְכוֹתֵבֵ־
הַהִסְטוֹרְיָה אֶלָּא לְהַסְגִּיר אֶת מִבְצְרֵיהֶם
וְלִהְיוֹת מְקוֹנְנוֹת בְּשָׂכָר אוֹ בְּחִנָּם.
יוֹדְפַת פּוֹתַחַת שְׁעָרֶיהָ לִרְוָחָה: אוֹר
גָּדוֹל בּוֹקֵעַ מִשָּׁם, אוֹר כְּנִיעָה
שֶׁהָיָה צָרִיךְ לְהַסְפִּיק לְחֹשֶׁךְ אַלְפֵי שָׁנִים.
תְּרוּעָה, תְּקִיעָה גְּדוֹלָה, תְּקִיעָה עֲצוּבָה,
שִׂפְתֵי הַתּוֹקֵעַ נִסְדְּקוּ בַּשָּׁרָב הַמְּמֻשָּׁךְ,
הַלָּשׁוֹן דָּבְקָה, הַיָּמִין תִּשְׁכַּח. אֲנִי
זוֹכֵר רַק אֶת תְּנוּעַת הָאִשָּׁה
הַמַּפְשִׁילָה אֶת שִׂמְלָתָהּ מֵעַל לְרֹאשָׁהּ;
אֵיזוֹ הֲרָמַת זְרוֹעוֹת, אֵיזוֹ כְּנִיעָה עִוֶּרֶת,
אֵיזֶה תַּחֲנוּן, אֵיזוֹ תַּאֲוָה, אֵיזוֹ כְּנִיעָה!
״אֵינֶנִּי בּוֹגֵד״, וּבֵין הָעַמּוּדִים נֶעְלַם
אָחִי יוֹסֵפוּס. ״אֲנִי צָרִיךְ לִכְתֹּב הִסְטוֹרְיָה״.
הָעַמּוּדִים חוֹלִים, רֹאשָׁם בְּצָרַעַת שֶׁל קִשּׁוּטִים
יְוָנִיִּים וּבְטֵרוּף פִּתּוּחֵי פְּרָחִים וְנִצָּנִים.
הַבַּיִת חוֹלֶה. ״חוֹלֵה־בַּיִת״ אוֹמְרִים
הָאַנְגְּלִים כְּשֶׁאָדָם מִתְגַּעְגֵּעַ עַל בֵּיתוֹ. הַבַּיִת
חוֹלֵה אָדָם. אֲנִי מִתְגַּעְגֵּעַ. אֲנִי חוֹלֶה. לֵךְ לְךָ,
יוֹסֵפוּס אָחִי, גַּם דְּגָלִים מִתְנוֹפְפִים
הֵם וִילוֹנוֹת בַּחֲלוֹנוֹת שֶׁשּׁוּב אֵין לָהֶם בַּיִת.

is the rending of mourning in God's garment,
and nothing remains for poet or historian
except to hand over their citadels
and be mourners, for hire or gratis.
Yodfat opens wide her gates: a great light
breaks out, light of surrender, that had to be enough
for the darkness of thousands of years.
Blast, long blast, sad tremolo,
the blower's lips have cracked in the long heat,
his tongue cleaves to the roof of his mouth,
his right hand has lost its cunning. I remember
only the movement of a woman
pulling her dress off over her head.
What lifting of arms, what blind surrender,
what pleading, what passion, what surrender!
"I am no traitor." And between the columns my brother Josephus
disappears. "I must write history."
The columns are thick, their capitols leprous
with Greek decoration, whorled flutes and buds.
The house is sick. The English call a man "Home-sick"
who longs for his house. The house
is man-sick. I am home sick. Go, Josephus
my brother, flying flags also are curtains
in windows that no longer have a house.

אֲנִי יְהוּדִי חָרֵד, זְקָנִי גָּדֵל פְּנִימָה,
בִּמְקוֹם בָּשָׂר וָדָם מְמַלֵּא אוֹתִי שְׂעַר זְקָנִי
כְּמִזְרוֹן. כְּאֵב נִשְׁאַר בֵּין טוֹטָפוֹת בְּלִי מַרְפֵּא.
לִבִּי צָם כִּמְעַט כָּל שָׁבוּעַ, בֵּין יוֹם הַכִּ[illegible]
סֵפֶר תּוֹרָה [illegible] אִם לֹא הִכַּ[illegible]תִּי, בֵּין אִם נֶחֱרַב
בֵּית הַמִּקְדָּשׁ וּבֵין אִם הוּא מוּקָ[illegible].
אֵינֶנִּי שׁוֹתֶה יַיִן, אַךְ כָּל מַה שֶּׁהַיַּיִן אֵינוֹ
עוֹשֶׂה בִּי הוּא תְּהוֹם שְׁחוֹרָה בְּלִי שִׁכְרוּת,
יַעֲקֹב אָפֵל וָרֵיק שֶׁבּוֹ דּוֹרְכִים וּפוֹצְעִים כַּפּוֹת־
רַגְלַיִם בָּאֶבֶן הַקָּשָׁה. גּוּפִי הוּא מַסְפֵּנָה
לְמָה שֶׁקָּרוּי נִשְׁמָתִי. גּוּפִי יְפָרֵק וְנִשְׁמָתִי
תֵּצֵא אֶל הַיָּם, וְצוּרָתָהּ צוּרַת גּוּפִי שֶׁהָיָה עָלֶיהָ
וְצוּרָתָהּ צוּרַת הַיָּם, וְצוּרַת הַיָּם כְּצוּרַת גּוּפִי.

I am a God-fearing Jew, my beard grows inward.
Instead of flesh and blood I am filled with the hair of my beard
like a mattress. Pain remains between phylacteries,
no remedy. My heart fasts nearly every week
whether I drop a scroll to the ground of not. Whether
the Temple is destroyed or rebuilt.
I don't drink wine, but whatever wine
does not do to me is a black pit, without
intoxication, a dark empty vat where the pressers tread
wounding their feet on the hard stone. My body is a dry dock
for what is called my soul. My body
will be dismantled and my soul
will go out to sea, its form the form of the body
in which it was, its form the form of the sea,
the form of the sea the form of my body.

זֶה יָכוֹל הָיָה לִהְיוֹת שִׁיר הַלֵּל
לָאֵל הַמָּתוֹק וְהַמְדֻמֶּה שֶׁל יַלְדוּתִי.
זֶה הָיָה בְּיוֹם שִׁשִּׁי, וּמַלְאָכִים שְׁחוֹרִים
מִלְּאוּ אֶת עֵמֶק הַמַּצְלֵבָה, וְכַנְפֵיהֶם
הָיוּ בָּתִּים שְׁחוֹרִים וּמַחְצֵבוֹת נְטוּשׁוֹת.
נֵרוֹת־שַׁבָּת עָלוּ וְיָרְדוּ כְּמוֹ אֳנִיּוֹת
בַּכְּנִיסָה לַנָּמָל. בּוֹאִי כַלָּה, בּוֹאִי כַלָּה,
לִבְשִׁי בִּגְדֵי בְּכוּתֵךְ וְתִפְאַרְתֵּךְ
מִן הַלַּיְלָה שֶׁבּוֹ חָשַׁבְתְּ שֶׁלֹּא אָבוֹא אֵלַיִךְ
וּבָאתִי. הַחֶדֶר הָיָה מֻשְׁרֶה בְּרֵיחַ
מִשְׁרַת דְּבְדְּבָנִים שְׁחוֹרִים וּמְשַׁכְּרִים.
עִתּוֹנִים פְּזוּרִים עַל הָרִצְפָּה רִשְׁרְשׁוּ מִלְּמַטָּה
וּמַשַּׁק מְעוֹף הַלַּעֲנָה מִלְּמַעְלָה.
אַהֲבָה עִם פְּרִידָה, כְּמוֹ תַּקְלִיט
נְגִינָה עִם תְּשׁוּאוֹת בַּסּוֹף, אַהֲבָה
עִם צְעָקָה, אַהֲבָה עִם מִלְמוּל יֵאוּשׁ
שֶׁל הֲלִיכָה זְקוּפָה לְגָלוּת זֶה מִזּוֹ.
בּוֹאִי כַלָּה, הַחֲזִיקִי בְּיָדֵךְ מַשֶּׁהוּ עָשׂוּי חֶרֶס
בִּשְׁעַת הַשְּׁקִיעָה, כִּי בָּשָׂר נָמוֹג
וּבַרְזֶל אֵינוֹ נִשְׁמָר. הַחֲזִיקִי חֶרֶס בְּיָדֵךְ,
כְּדֵי שֶׁאַרְכֵיאוֹלוֹגִים בֶּעָתִיד יִמְצְאוּ וְיִזְכְּרוּ.
הֵם אֵינָם יוֹדְעִים שֶׁגַּם כַּלָּנִיּוֹת אַחַר הַגֶּשֶׁם
הֵן מִמְצָא אַרְכֵיאוֹלוֹגִי וּתְעוּדָה רַבָּה.

This could have been a song of praise
to the sweet imaginary God of my childhood.
It was Friday, and black angels
filled the Valley of the Cross, their wings
black houses and abandoned quarries.
Sabbath candles rose and fell like ships
at the entrance to the harbor. Come Sabbath bride, come bride,
wear the clothes of your mourning and your glory
the night you thought I would not come to you
and I came. The room was drenched with the smell
of black cherry preserve. Papers
scattered on the floor rustling below,
bitter wings scythed from above.
Love comes with parting, like a record —
music with applause at the end, love
with a cry, love with the stammered despair
of the proud departure into exile from each other.
Come bride, hold something of clay in your hand
at the hour of sunset, for flesh dissolves
and iron doesn't keep. Hold clay in your hand
for future archeologists to find and remember.
They do not know that poppies after rain
are also an archeological find, rich evidence.

הִגִּיעַ זְמַן חֲתִימַת חַיַּי כַּחֲתִימַת הַתַּנָ״ךְ.
יֻחְלַט סוֹפִית, פְּרָקִים וּסְפָרִים יִשָּׁאֲרוּ בַּחוּץ,
יִהְיוּ חִיצוֹנִיִּים, יָמִים לֹא יָבוֹאוּ בְּמִנְיַן הַיָּמִים,
יִהְיוּ עִטּוּרִים וּבֵאוּרִים וּפֵרוּשֵׁי פֵּרוּשִׁים
וְלֹא הָעִקָּר וְלֹא הַקָּדוֹשׁ.
אֲנִי מְדַמְיֵן לִי גַּפְרוּרִים שֶׁנִּרְטְבוּ בִּדְמָעוֹת
אוֹ בְּדָם, שֶׁלֹּא יִדָּלְקוּ שׁוּב. אֲנִי מְדַמְיֵן לִי
תְּקִיעַת שׁוֹפָר בַּהִסְתָּעֲרוּת עַל יַעַד רֵיק.
חֵמֶת־שׁוֹפָרוֹת יְהוּדִית, יִרְמְיָהוּ מֵעֲנָתוֹת
מִסְתָּעֵר בְּרֹאשׁ בּוֹכִים עַל מָקוֹם רֵיק.
אֲבָל בְּיוֹם הַכִּפּוּר הָאַחֲרוֹן, בְּתֹם תְּפִלַּת
נְעִילָה, כְּשֶׁהַכֹּל צִפּוּ לַשּׁוֹפָר
בִּדְמָמָה גְדוֹלָה, אַחַר צַעֲקוֹת ״פְּתַח לָנוּ שַׁעַר״,
נִשְׁמַע קוֹלוֹ כִּפְעִיַּת תִּינוֹק דַּקָּה,
צַעֲקָתוֹ הָרִאשׁוֹנָה. חַיַּי, רֵאשִׁית חַיַּי.

The time has come to close like the Bible,
the canonical books of my life.
Chapters and books will be finally excluded,
will remain apocryphal, their days will
not be counted, they will be flourishes and marginalia
and addenda and glosses,
but not essential, and not sacred.
I imagine matches damp with tears
or blood, that can not light again. I imagine
a ram's horn blast in the storming of an empty emplacement.
Bagpipes of Jewish ram's horn, Jeremiah of Anatot
storms an empty place at the head of a weeping mob.
But last Yom Kippur, at the end of the closing prayer
when everyone waited for the ram's horn
in dead silence, after the cries "Open to us the gate"
a voice was heard, like the thin wail of an infant's
first cry. My life, the beginning of my life.

בָּחַרְתִּי אוֹתָךְ, הָיִיתִי אֲחַשְׁוֵרוֹשׁ שֶׁיָּשַׁב
בְּכֵסוֹ וּבָחַר. בְּעַד הַבְּגָדִים הַהֲדוּרִים
רָאִיתִי אוֹתָךְ, אֶת סִימָנֵי הַחִלּוּף בְּגוּפֵךְ
וְאֶת כַּרְכֹּב שֵׂעַר הַקֵּץ הַמִּתְלַתֵּל
מֵעַל לָעֶרְוָה. לָבַשְׁתְּ גַּרְבַּיִם שְׁחוֹרִים,
אֲבָל יָדַעְתִּי שֶׁאַתְּ הַהֵפֶךְ. לָבַשְׁתְּ שְׂמָלוֹת שְׁחוֹרוֹת
כְּמוֹ בְּאֵבֶל, אַךְ רָאִיתִי אָדֹם בְּגוּפֵךְ
כְּמוֹ פֶּה. רָאִיתִי כְּמוֹ לְשׁוֹן סֶרַח הָעֹדֶף
שֶׁל קְטִיפָה אֲדֻמָּה הַנִּצְבֶּטֶת
מִמִּכְסֵה תֵּיבָה עַתִּיקָה שֶׁלֹּא נִסְגְּרָה הֵיטֵב.
הָיִיתִי לָךְ פַּר פּוּרִים וּפַר כִּפּוּרִים,
לָבוּשׁ תַּכְרִיכִים בִּשְׁנֵי צִבְעֵי מֶקְיוֹן.
שְׁבָרִים, תְּרוּעָה, אַהֲבָה, אַהֲבָה גְּדוֹלָה.
שֵׁב. הַיּוֹם הֲרַת־עוֹלָם. מִי אָנַס
אֶת הָעוֹלָם שֶׁיִּהְיֶה הַיּוֹם הָרֶה.
הַיּוֹם הֲרַת־עוֹלָם, הַיּוֹם אַתְּ, הַיּוֹם מִלְחָמָה.

I chose you, I was King Ahasuerus
sitting on his throne, and choosing.
Through the fine clothes
I saw you, time passing
over your body, and the crest of curling hair
over your crotch. You wore black stockings,
but I knew you were the opposite. You wore
black dresses, like mourning, but I saw red
in your body, like a mouth. I saw
a red tongue of velvet protruding from a badly closed box,
pinched by the lid.
I was a bull for Purim and a bull for Kippurim
dressed in a living shroud.
Tremolo, long blast, love, long love.
Sit down. Today is pregnant with the future. Who
raped the future to make the day pregnant?
Today is pregnant, today you, today war.

הַמַּלְאָךְ הַנּוֹרָא הֶחֱזִיר אֶת זְרוֹעוֹ
כְּקָפִיץ לְצַד גּוּפוֹ, לִמְנוּחָה אוֹ לִתְנוּפַת
מַכָּה חֲדָשָׁה. הַעֲסִיקוּ אֶת הַזְּרוֹעַ הַזֹּאת,
הַסִּיחוּ אֶת דַּעַת שְׁרִירֶיהָ! תְּלוּ עָלֶיהָ
תַּכְשִׁיטִים כְּבֵדִים, זָהָב וָכֶסֶף, מַחֲרֹזוֹת
וִיהַלוֹמִים, שֶׁתִּכְבַּד וְתִצְנַח וְלֹא תַכֶּה
שֵׁנִית. שֵׁנִית מַסַּדָה לֹא תִפֹּל, לֹא תִפֹּל.

The terrible angel brought his arm back
like a spring to his side, to rest or to strike
a new blow. Keep that arm occupied,
distract the attention of its muscles! Weigh it down
with heavy jewelry, gold and silver, bracelets,
diamonds, so that it will fall heavily, and
not stike again. Massada will not fall again.
Will not fall.

בָּעֲרָפִלִּים שֶׁבָּאוּ מִלְּמַטָּה וּבָאוֹר הַכְּחַלְחַל
הַקָּדוֹשׁ, בְּתוֹךְ כִּפָּתוֹ הַגְּדוֹלָה וְהַחֲלוּלָה,
רָאִיתִי אֶת אֲדוֹן כָּל הָאָרֶץ בְּכָל עַצְבוּתוֹ,
אֵל רַדָּאר בּוֹדֵד וּמִסְתּוֹבֵב
בִּכְנָפָיו הַגְּדוֹלוֹת, בִּתְנוּעוֹת עֲצוּבוֹת
שֶׁל סָפֵק מִימֵי עוֹלָם,
כֵּן כֵּן וְלֹא לֹא, בְּעַצְבוּת אֵל שֶׁיּוֹדֵעַ
שֶׁאֵין תְּשׁוּבָה וְאֵין הַחְלָטָה מִלְּבַד הַנִּעְנוּעַ.
מַה שֶּׁהוּא רוֹאֶה, הוּא עָצוּב. וּמַה
שֶּׁאֵינוֹ רוֹאֶה הוּא עָצוּב, מַה שֶּׁהוּא רוֹשֵׁם
הוּא כְּתָב הָעַצְבוּת לְפִעְנוּחַ בְּנֵי הָאָדָם.
אֲנִי אוֹהֵב אֶת הָאוֹר הַכְּחַלְחַל וְאֶת הַלֹּבֶן שֶׁל עֵינָיו,
שֶׁהֵן מָסַכִּים לְבָנִים וְעִוְּרִים
לִקְרֹא בָּהֶם בְּנֵי אָדָם אֶת מַה שֶּׁיָּבוֹא לָהֶם.
שֵׁנִית מַסָּדָה. שֵׁנִית מַסָּדָה. שֵׁנִית לֹא.

In the rising mists from below, in the blueish holy light
in his great hollow dome, I saw
the Lord of the world in all his sadness,
a radar God, lonely, circling round and round
with his huge wings, with sad movements
of primordial doubt.
Yes yes and no no, with the sadness of a God who knows
that there is no reply and no decision: only turning.
What he sees makes him sad. And what
he doesn't see makes him sad. What he records
is the code of sadness for humans to decipher.
I like the blueish light and the white of his eyes
which are blind, white screens
in which men read what will happen to them.
Again Massada. Again Massada. Not again.

בְּאַחַד הָעֲרָבִים הָאֵלֶּה נִסִּיתִי לְהִזָּכֵר
בִּשְׁמוֹ שֶׁל מִי שֶׁנָּפַל לְיָדַי בַּחוֹלוֹת הַחִוְּרִים
שֶׁל אַשְׁדּוֹד. נָכְרִי הָיָה, אוּלַי מִן הַמַּלָּחִים
הַתּוֹעִים, שֶׁחָשַׁב שֶׁהָעַם הַיְּהוּדִי הוּא יָם
וְשֶׁחוֹלוֹת הַמָּוֶת הָאֵלֶּה הֵם גַּלִּים. כְּתֹבֶת הַקַּעֲקַע
לֹא הֵעִידָה עַל שְׁמוֹ, אֶלָּא עַל פֶּרַח וְעַל
דְּרָקוֹן וְעַל נָשִׁים שְׁמֵנוֹת. הָיִיתִי יָכוֹל
לִקְרֹא לוֹ פֶּרַח אוֹ נָשִׁים שְׁמֵנוֹת. בָּאוֹר
הָרִאשׁוֹן שֶׁל נְסִיגָה וְשַׁחַר מֵת. ״בִּזְרוֹעוֹתָיו
הוּא מֵת״. כָּךְ בַּשִּׁיר שֶׁל גֵּיתֶה. כָּל הָעֶרֶב
לְיַד חַלּוֹנוֹת וְשֻׁלְחָנוֹת שָׁקַעְתִּי בְּמַאֲמַץ הַזְּכִירָה,
כְּמוֹ בְּמַאֲמָץ שֶׁל נְבוּאָה. יָדַעְתִּי שֶׁאִם לֹא
אֶזְכֹּר אֶת שְׁמוֹ אֶשְׁכַּח אֶת שְׁמִי, יִיבַשׁ שְׁמִי,
״הָעֵשֶׂב שׁוּב יָקוּם״. גַּם זֶה שֶׁל גֵּיתֶה. הָעֵשֶׂב
לֹא יָקוּם שׁוּב, הוּא נִשְׁאָר רָמוּס,
נִשְׁאָר חַי וְלוֹחֵשׁ בֵּינוֹ לְבֵין עַצְמוֹ. לֹא יָקוּם,
אַךְ לֹא יָמוּת לְעוֹלָם וְלֹא יִירָא מִמָּוֶת פִּתְאֹם
תַּחַת הַסֻּלְיוֹת הַכְּבֵדוֹת הַמְּסֻמָּרוֹת.

One evening I tried to remember
the name of the one who fell beside me
on the pale sands of Ashdod. A foreigner.
Perhaps one of the sailors, lost, who thought
the Jewish people a sea, and those deathly sands
waves. His tattoo did not reveal his name,
only a flower, and a dragon, and fat women.
I could have called him Flower or Fat Women.
In the first light of dawn and retreat he died.
"Died in his arms." In Goethe's poem.
All evening, beside windows and tables
I was lost in the effort to remember,
like the effort of prophecy. I knew
that if I didn't remember his name I would
forget my name it would dry up.
"Grass springs again." Also Goethe's. The grass
will not spring again, it remained crushed
alive and whispering to itself. It will not spring.
But will never die, and will not fear sudden death
beneath the heavy hob-nailed soles.

בַּשָּׁנָה שֶׁבָּהּ הִשְׁתַּפֵּר הַמַּצָּב בָּעוֹלָם
חָלָה לִבִּי. הַאִם אוֹצִיא מִכָּאן מַסְקָנָה
שֶׁחַיַּי מִתְפּוֹרְרִים בְּלִי הַחִשּׁוּקִים
הַחוֹנְקִים וְהַמְּתַקִּים שֶׁל סַכָּנָה?
בֶּן אַרְבָּעִים וְשָׁלֹשׁ אֲנִי. וְאָבִי מֵת בֶּן שִׁשִּׁים וְשָׁלֹשׁ.
אַחַר הַקַּ·ִיץ בָּא קַ·ִיץ וְקַ·ִיץ וְקַ·ִיץ, כְּמוֹ
בְּתַקְלִיט שָׁבוּר. לָמוּת הֲרֵי זֶה כְּשֶׁהָעוֹנָה
הָאַחֲרוֹנָה אֵינָהּ מִתְחַלֶּפֶת לְעוֹלָם.
וְהַגּוּף הוּא שַׁעֲוָה הַנּוֹטֶפֶת וְנֶאֱסֶפֶת וְנֶעֱרֶמֶת
שֶׁל נֵר הַנְּשָׁמָה שֶׁבְּתוֹכִי. וְגַן הָעֵדֶן
הוּא כְּשֶׁמֵּתִים זוֹכְרִים רַק אֶת הַדְּבָרִים
הַיָּפִים, כְּמוֹ שֶׁאֲפִלּוּ אַחַר הַמִּלְחָמָה זָכַרְתִּי
רַק אֶת הַיָּמִים הַיָּפִים.

The year the world got better
my heart fell sick. Am I to conclude
from this that my life is falling apart
without the sweet stifling cackles of danger?
I am forty three. And my father died at sixty three.
After the summer, comes summer and summer and summer
like a broken record. Dying is when the last season
doesn't ever change again. The body
is the wax of the soul's candle
that drips and gathers and heaps up.
Paradise is when the dead remember
only the good things, the way even after the war
I remembered only the good days.

בָּאָבִיב הָאַחֲרוֹן הֵחֵל יַלְדִּי
לְפַחֵד בַּפַּעַם הָרִאשׁוֹנָה,
מֻקְדָּם מִדַּי, מִמָּוֶת.
פְּרָחִים יוֹצְאִים מִן הָאֲדָמָה,
פַּחַד פּוֹרֵחַ בְּלִבּוֹ,
רֵיחַ נִיחוֹחַ לֵהָנוֹת
לְהָרִיחַ נִיחוֹחַ כָּזֶה.
וּבַקַּיִץ נִסִּיתִי לַעֲסוֹק בְּפּוֹלִיטִיקָה, בִּשְׁאֵלוֹת זְמַנִּי,
נִסָּיוֹן שֶׁגַּם לוֹ רֵיחַ־פְּרָחִים
כָּזֶה וּקְמִילָתָם,
נִסָּיוֹן אָדָם לְבַיֵּם וּלְהָזִיז
רָהִיטִים בְּבֵיתוֹ לְסִדּוּר חָדָשׁ,
לְהִשְׁתַּתֵּף; כְּמוֹ בַּקּוֹלְנוֹעַ
כְּשֶׁאֶחָד מֵסִיט אֶת רֹאשׁוֹ וּמְבַקֵּשׁ
מִן הַיּוֹשְׁבִים לְפָנָיו לְהָסִיט אַף הֵם
אֶת רָאשֵׁיהֶם מְעַט,
כְּדֵי שֶׁיִּהְיֶה לוֹ מַסְלוּל צַר.
לְפָחוֹת לִרְאוֹת.
נִסִּיתִי לָצֵאת אֶל זְמַנִּי וְלָדַעַת, אַךְ לֹא הִגַּעְתִּי

Last spring my child began
to fear death for the first time
too soon.
Flowers sprout from the earth,
fear flowers in his heart,
delicious fragrance to one
who enjoys fragrance like that.
And in summer I tried to take part in politics —
the questions of the time —
an attempt which also has the fragrance of flowers
and of their fading,
the attempt of a man to stage-manage his house, to move
the furniture to a new position, to take part.
As in the cinema
one moves his head and asks
those in front of him to move theirs too
so he'll have a clear view, at least.
I tried to go out into my times, and to know
but I didn't get further

הָלְאָה מִגּוּף הָאִשָּׁה שֶׁלְּיָדִי.
וְאֵין מָנוֹס. אַל תֵּלֵךְ אֶל הַנְּמָלָה, עָצֵל!
זֶה יְדַכֵּא אוֹתְךָ לִרְאוֹת אֶת הַחֲרִיצוּת
הָעִוֶּרֶת, הַמִּתְרוֹצֶצֶת מִתַּחַת לַנַּעַל הַמּוּרֶמֶת לִרְמֹס.
אֵין מָנוֹס. כְּמוֹ בְּמַעֲרֶכֶת חֲדִישָׁה
שֶׁל מִשְׂחַק־שַׁחְמָט, שֶׁהָאָמָּן עָשָׂה אוֹתָהּ
בְּכֵלִים שׁוֹנִים מִן הַמְּקֻבָּל: מֶלֶךְ נִרְאֶה כְּמַלְכָּה,
דְּמוּת הַחַיָּלִים כִּדְמוּת הַסּוּסִים, וְסוּסִים הֵם
חֲלָקִים כַּצְּרִיחִים. אַךְ הַמִּשְׂחָק נִשְׁאָר
בִּכְלָלָיו. לִפְעָמִים אַתָּה מִתְגַּעְגֵּעַ עַל
הַכֵּלִים הַמָּסָרְתִּיִּים, מֶלֶךְ עִם כֶּתֶר מַלְכוּת
צָרִיחַ עָגֹל וּמְבֻצָּר וְסוּס, סוּס.

than the woman's body beside me.
And there's no escape. Don't go to the ant, sluggard!
It will depress you to see that blind
industry, hurrying beneath the boot
raised to stamp.
There's no escape. Like a modern chess set
made of unusual pieces: the King
looks like the Queen, pawns like knights,
and the knights as smooth as the castles. But the game
sticks to the rules. Sometimes
you long for the old pieces, a king with a crown,
a castle round and fortified, the horse a horse.

הַמְשַׂחֲקִים יָשְׁבוּ בִּפְנִים וְהַמְשׂוֹחֲחִים בַּמִּרְפֶּסֶת:
מַחֲצִית אֲהוּבָתִי, יָדִי הַשְּׂמָאלִית, רֶבַע יְדִיד,
אָדָם מֵת לְמֶחֱצָה. קוֹל הַכֵּלִים הַקְּטוּלִים
הַמְּטָלִים לְתוֹךְ תֵּיבַת הָעֵץ הוּא
כְּרַעַם רָחוֹק וּמְבַשֵּׂר רָעוֹת.

The players sat inside, the talkers on the verandah:
half of my love, my left hand, a quarter of a friend,
a man half dead. The sound of the killed pieces
tossed into the wooden box is like
distant thunder, heralding evil.

אֲנִי אָדָם הַמִּתְקָרֵב אֶל סִיּוּמוֹ.
מַה שֶּׁנִּרְאֶה בִּי כְּרוּחַ צְעִירָה, אֵינָהּ
רוּחַ צְעִירָה, אֶלָּא רוּחַ שִׁגָּעוֹן,
מִשּׁוּם שֶׁרַק הַמָּוֶת יָכוֹל לָשִׂים קֵץ לַשִּׁגָּעוֹן הַזֶּה.
וּמַה שֶּׁנִּרְאֶה כְּשָׁרָשִׁים עֲמֻקִּים שֶׁהִכֵּיתִי,
אֵינוֹ אֶלָּא הִסְתַּבְּכֻיּוֹת עַל
פְּנֵי הַשֶּׁטַח: מַחֲלַת־קְשָׁרִים וְעַוִּית־יָדַיִם,
בִּלְבּוּל חֲבָלִים וְטֵרוּף שַׁרְשְׁרוֹת.

I am a man who is nearing his end.
What seems to be the spirit of youth in me
is not the spirit of youth, its the spirit of madness.
Only death can put a stop to this madness.
And what seems deep roots that I've struck,
is only a tangle on the surface:
a disease of knots, a spasm of hands, a muddle
of ropes and crazy chains.

אֲנִי אָדָם יָחִיד, אָדָם בּוֹדֵד. אֵינֶנִּי דֶּמוֹקְרַטְיָה.
הָרָשׁוּת הַמְבַצַּעַת וְהָאוֹהֶבֶת וְהַשּׁוֹפֶטֶת
בְּגוּף אֶחָד. רָשׁוּת אוֹכֶלֶת וְזוֹלֶלֶת, וּמְקִיאָה,
רָשׁוּת שׂוֹנֵאת וְרָשׁוּת כּוֹאֶבֶת
רָשׁוּת עִוֶּרֶת וְרָשׁוּת אִלֶּמֶת.
לֹא נִבְחַרְתִּי. אֲנִי הַפְּגָנָה, אֲנִי מֵרִים
אֶת פָּנַי כִּכְרָזָה. הַכֹּל כָּתוּב שָׁם. הַכֹּל,
אָנָּא, אֵין צֹרֶךְ לְהַטִּיל גַּז מַדְמִיעַ,
אֲנִי כְּבָר בּוֹכֶה. אֵין צֹרֶךְ לְפַזֵּר אוֹתִי,
אֲנִי מְפֻזָּר,
וְגַם הַמֵּתִים הֵם הַפְגָּנָה.
כְּשֶׁאֲנִי מְבַקֵּר אֶת קֶבֶר אָבִי, אֲנִי רוֹאֶה
אֶת הַמַּצֵּבוֹת מוּרָמוֹת בִּידֵי
הֶעָפָר שֶׁמִּלְמַטָּה:
הֵן הַפְגָּנָה גְדוֹלָה,

I am a solitary man, not a democracy.
The executive, the loving and the legislative power
in one body.
The hating power and the hurting power
the blind power and the dumb power.
I wasn't elected. I am a demonstration, I raise
my face like a poster. Everything is written there. Everything.
Please, there's no need to use tear gas,
I'm weeping already. There's no need to disperse me.
I'm dispersed.
The dead are also a demonstration.
When I visit my father's grave, I see
the tombstones raised by hands of dust below:
they're a mass demonstration.

כָּל אֶחָד שׁוֹמֵעַ בַּלַּיְלָה צְעָדִים,
לֹא רַק הָאֲסִיר, כָּל אֶחָד שׁוֹמֵעַ.
כָּל דָּבָר בַּלַּיְלָה הוּא צְעָדִים,
מִתְרַחֲקִים אוֹ מִתְקָרְבִים,
אַךְ לְעוֹלָם אֵינָם בָּאִים עֲדֶיךָ
כְּדֵי נְגִיעָה, זוֹהִי טָעוּת הָאָדָם
בֵּאלֹהָיו וְזוֹהִי טָעוּת הָאֱלֹהִים בִּבְנֵי־אָדָם.

Everyone hears a step at night,
not only prisoners, everyone hears.
Everything is steps at night,
receding or approaching,
but never arriving close enough
to be touched. That is man's
mistake about God and God's mistake about man.

הוֹ, הָעוֹלָם הַזֶּה, שֶׁכָּל אֶחָד מְמַלְאוֹ
עַד קָצֵהוּ. וְיָבוֹא הַמַּר וְיִסְגֹּר
לְךָ אֶת הַפֶּה כִּקְפִיץ עַקְשָׁנִי וּמְסָרֵב,
כְּדֵי שֶׁיִּפָּתַח לִרְוָחָה, לִרְוָחָה, בַּמָּוֶת,
מָה אָנוּ, מַה חַיֵּינוּ. יֶלֶד שֶׁנִּפְגַּע
בְּמִשְׂחָקָיו אוֹ הֻכָּה, עוֹצֵר אֶת בִּכְיוֹ
וְרָץ אֶל אִמּוֹ, בְּדֶרֶךְ אֲרֻכָּה שֶׁל חֲצֵרוֹת
וְסִמְטָאוֹת, וְרַק אֶצְלָהּ יִבְכֶּה.
כָּךְ אָנוּ כָּל חַיֵּינוּ עוֹצְרִים
אֶת בִּכְיֵנוּ וְרָצִים בְּדֶרֶךְ
אֲרֻכָּה וְהַבְּכִי חָנוּק וְסָגוּר בַּגָּרוֹן.
וְהַמָּוֶת אֵינוֹ אֶלָּא בְּכִיָּה טוֹבָה
וְנִמְשֶׁכֶת לָעַד. תְּקִיעָה, תְּקִיעָה גְּדוֹלָה
בְּכִיָּה גְּדוֹלָה, דְּמָמָה גְּדוֹלָה. שֵׁב. הַיּוֹם.

Oh world, that everyone fills
to the brim. And bitterness will come and close
your mouth like stubborn, unyielding spring
so that it will fly wide open, wide open, in death.
What are we, what is our life. A child
hurt at play or beaten, chokes back his tears
and runs to his mother, a long way, through courtyards
and alleys, only there will he cry.
We too, all our lives, choke back our tears and run
a long way, our tears closed in, stifled in our throats.
Death is nothing but a good cry
that lasts forever. Blast. Long blast, Tekiah gedolah[11]
long cry, long silence. Be seated. Today.

וְיַד הַכֶּסֶף הַמַּצְבִּיעָה לְבַעַל-הַקּוֹרֵא
בְּסֵפֶר הַתּוֹרָה, עוֹבֶרֶת בַּשּׁוּרוֹת הַקָּשׁוֹת
כִּזְרוֹעַ בִּמְכוֹנָה גְדוֹלָה וּקְדוֹשָׁה
בְּאֶצְבָּעָהּ הַמְגֻדֶּלֶת, הָעֲקוּמָה וְהַקָּשָׁה
תַּעֲבֹר וְתַצְבִּיעַ וְתַכֶּה בַּדְּבָרִים
שֶׁאֵין לְשַׁנּוֹתָם. כָּאן תִּקְרָא. כָּאן תָּמוּת, כָּאן.
וְזוֹ הַדִּבְּרָה הָאַחַת עֶשְׂרֵה: לֹא תִרְצֶה.

The reader of the Scroll follows the silver hand
along the hard lines, like the lever of a big
holy machine. That large finger, bent and hard
points as it passes to unchanging things.
Here you will read. Here you will die. Here.
And this is the eleventh commandment: Thou shalt not will.

אֲנִי חוֹשֵׁב עַל הַשִּׁכְחָה כְּעַל פְּרִי גָּדֵל וְהוֹלֵךְ,
אֲשֶׁר אִם יַבְשִׁיל לֹא יֵאָכֵל, כִּי לֹא יִהְיֶה וְלֹא יִזָּכֵר:
בְּשִׁילָתוֹ הִיא שִׁכְחָתוֹ. כְּשֶׁאֲנִי שׁוֹכֵב
עַל גַּבִּי מִתְמַלְּאוֹת עַצְמוֹת רַגְלַי
מְתִיקוּת
שֶׁל הֶבֶל פִּי בְּנִי הַקָּטָן.
הוּא נוֹשֵׁם אוֹתוֹ אֲוִיר כָּמוֹנִי,
רוֹאֶה אוֹתָן הַמַּרְאוֹת,
אַךְ נְשִׁימָתִי מָרָה וּנְשִׁימָתוֹ מְתוּקָה
כִּמְנוּחָה בְּעַצְמוֹת הֶעָיֵף,
חֵכֶר יַלְדוּתִי לִבְרָכָה. יַלְדוּתוֹ.

I think of oblivion as of a ripening fruit
which will not be eaten when ripe
because it will not be, and will not be recalled:
its ripeness is its forgetting. When I lie
on my back, my bones fill with the sweetness
of my small son's breath.
He breathes the same air as I,
sees the same things,
but my breath is bitter and his is sweet
as rest to tired bones.
Blessed is the memory of my childhood. His childhood.

אֲנִי לֹא נָשַׁקְתִּי לָאֲדָמָה
כְּשֶׁהֵבִיאוּ אוֹתִי קָטָן לָאָרֶץ הַזֹּאת,
אַךְ עַכְשָׁו, כְּשֶׁגָּדַלְתִּי עָלֶיהָ,
הִיא מְנַשֶּׁקֶת לִי,
הִיא מַחֲזִיקָה אוֹתִי,
הִיא נִצְמֶדֶת אֵלַי בְּאַהֲבָה
בְּעֵשֶׂב וּבְקוֹצִים, בְּחוֹל וּבְאֶבֶן,
בַּמִּלְחָמוֹת וּבָאָבִיב הַזֶּה
עַד הַנְּשִׁיקָה הָאַחֲרוֹנָה.

I did not kiss the earth
when they brought me, a child, to this country.
But now that I have grown upon it
it kisses me
it holds me
it clings to me in love
with its grass and thorns, sand and stone
with its wars and with this spring
until its last kiss.

NOTES

1 The precious stones on the breastplate of the High Priest.

2 Hebrew poet, born in Tzarist Russia, who became the national poet of the Jewish revival.

3 Period of extreme heat in the Middle East.

4 Hebrew poet, Rabbi and physician in medieval Moslem Spain who died in Alexandria on his way to Jerusalem.

5 Benjamin of Tudela was an explorer Rabbi in medieval Spain who travelled widely throughout the Levant in search of lost or unknown Jewish communities.

6 Valley of Ghosts, the name of a street in Jerusalem.

7 A Jewish commander in the uprising against the Roman Empire, who deserted to the Romans to write the history of that war and the Jewish people.